HANS H. Ø

LINGVA LATINA

PER SE ILLVSTRATA

COLLOQVIA PERSONARVM

Second Edition

an imprint of
Hackett Publishing Company, Inc.
Indianapolis/Cambridge

LINGVA LATINA
PER SE ILLVSTRATA

Pars I
Familia Romana
Companion to Familia Romana
Latine Disco: Student's Manual (in English)
Grammatica Latina
Exercitia Latina I
Latin-English Vocabulary I
Fabulae Syrae

Pars II
Roma Aeterna, Second Edition
Companion to Roma Aeterna
Exercitia Latina II
Indices
Instructions for Pars II
Latin-English Vocabulary II

Ancillaries
Caesaris: Commentarii De Bello Gallico
Ars Amatoria: Ovidii Nasonis
Petronivs: Cena Trimalchionis
Plavtus: Amphitryo Comoedia
Sallustius & Cicero: Catilina
Sermones Romani
Vergilii: Aeneis: Libros I et IV

For further information on the complete series and new titles,
visit www.hackettpublishing.com

Illustrations by Peer Lauritzen | Illustration colorization by Steve Morrison

Library of Congress Cataloging-in-Publication Data

Names: Oerberg, Hans H. (Hans Henning), 1920-2010, author.
Title: Colloquia personarum / Hans H. Ørberg.
Description: Second edition. | Indianapolis ; Cambridge : Focus, Hackett Publishing Company, Inc., 2019. | Includes index. | Previously published as volume 3 of the author's Lingua Latina per se Illustrata.
Identifiers: LCCN 2019020206 | ISBN 9781585109388 (pbk.)
Subjects: LCSH: Latin language—Readers. | Latin language—Textbooks.
Classification: LCC PA2095 .O36 2019 | DDC 478.6—dc23
LC record available at https://lccn.loc.gov/2019020206

Focus an imprint of
Hackett Publishing Company, Inc.
P.O. Box 44937
Indianapolis, Indiana 46244-0937

www.hackettpublishing.com

24 23 22 3 4 5 6

AD DISIPVLVM

Colloquia quae hoc libro continentur legenda sunt post singula capitula eius libri cui titulus est FAMILIA ROMANA: Colloquium I post Capitulum I, Colloquium II post Capitulum II, item cetera.

Discipulus qui hunc ordinem sequetur in legendo nullas declinationes sibi ignotas inveniet nec ulla vocabula nova praeter pauca quae illustrantur in marginibus paginarum aut per se intelleguntur. Itaque his amicorum Romanorum colloquiis legendis discipulus studiosus res grammaticas necessarias et vocabula Latina frequentissima, quae in ipsis capitulis iam cognovit, etiam certius discet ac memoria retinebit.

Hans H. Ørberg

Suavis autem est narratio quae habet
. . . colloquia personarum

CICERO, *Partitiones oratoriae* 32

INDEX COLLOQVIORVM

PERSONAE

Aemilia, uxor Iūliī
Albīnus, tabernārius
Cornēlius, dominus
Dāvus, servus Iūliī
Diodōrus, lūdī magister
Dōrippa, amīca Lȳdiae
Fabia, uxor Cornēliī
Faustīnus, pāstor
Flōra, puella
Iānitor Iūliī
Iūlia, puella, fīlia Iūliī et Aemiliae
Iūlius, dominus
Lēander, servus Iūliī
Lȳdia, amīca Mēdī
Mārcus, puer, fīlius Iūliī et Aemiliae
Mēdus, servus Iūliī
Mīles Rōmānus
Quīntus, puer, fīlius Iūliī et Aemiliae
Rūfus, agricola
Sanniō, iānitor
Sextus, puer, fīlius Cornēliī et Fabiae
Symmachus, medicus
Syra, ancilla Aemiliae
Syrus, servus Iūliī
Titus, puer
Tlēpolemus, servus Diodōrī
Ursus, servus Iūliī

COLLOQVIVM PRIMVM

Persōnae: Mārcus, Iūlia

Mārcus: “Ubi est Syria, Iūlia?”
Iūlia: “Suria est in Asiā.”
Mārcus: “Nōn S*u*ria, sed S*y*ria in Asiā est.”
Iūlia: “Siria . . .”
Mārcus: “Ō Iūlia! S*y*ria, nōn S*i*ria: littera secunda est *y*, nōn *i*.”
Iūlia: “Nōn *i*, sed *y*: *i–y, i–y*. Num *y* littera Latīna est?”
Mārcus: “*Y* nōn est littera Latīna, sed littera Graeca. *Syria* est vocābulum Graecum.”
Iūlia: “S*i*ria, S*y*ria: nōn S*i*ria, sed S*y*ria.”
Mārcus: “Ubi est Syria?”
Iūlia: “Syria in Asiā est.”
Mārcus: “Ubi est Aegyptus?”
Iūlia: “Aegiptus . . .”
Mārcus: “Aeg*y*ptus!”
Iūlia: “Aegyptus quoque in Asiā est.”
Mārcus: “In Asiā? Aegyptus nōn est in Asiā!”
Iūlia: “Aegyptus in Āfricā est — sed Barabia est in Asiā.”
Mārcus: “Quid? Barabia? In Asiā nōn est Barabia!”
Iūlia: “Estne Barabia in Āfricā?”
Mārcus: “Barabia nōn est in Āfricā.”

Iūlia: “Num Barabia in Eurōpā est?”

Mārcus: “Barabia in Eurōpā, in Āfricā, in Asiā *nōn* est!”

Iūlia: “Sed ubi *est* Barabia?”

Mārcus: “*A*rabia, nōn *Ba*rabia, in Asiā est. In *Arabiā* littera prīma est *a*, nōn *b*.”

Iūlia: “*A*rabia, Aeg*y*ptus, S*y*ria. Syria et Arabia sunt in Asiā, sed Aegyptus in Āfricā est. Nīlus quoque in Āfricā est.”

Mārcus: “Quid est Nīlus?”

Iūlia: “Nīlus magnus fluvius est.”

Mārcus: “Quid est Sparta?”

Iūlia: “Sparta est magnum oppidum Graecum.”

Mārcus: “Estne Crēta oppidum Graecum?”

Iūlia: “Est.”

Mārcus: “Nōn est!”

Iūlia: “Quid est Crēta?”

Mārcus: “Crēta est īnsula Graeca. Crēta et Naxus et Rhodus īnsulae Graecae sunt. In Graeciā sunt multae īnsulae. Estne Syria īnsula Graeca?”

Iūlia: “Nōn est.”

Mārcus: “Quid est Syria?”

Iūlia: “Siria est . . .”

Mārcus: “S*y*ria!”

Iūlia: “Syria est . . . vocābulum Graecum!”

COLLOQVIVM SECVNDVM

Persōnae: Dēlia, Libanus

Dēlia ancilla est. Libanus est servus.

Libanus: "Quae est domina tua, Dēlia?"

Dēlia: "Domina mea est Aemilia. Iūlius dominus meus est. Quis est dominus tuus?"

Libanus: "Dominus meus est Cornēlius, et Fabia est domina mea. Estne magna familia Iūliī?"

Dēlia: "Est magna."

Libanus: "Mea quoque familia magna est."

Dēlia: "Tua familia? Nōn tua, sed Cornēliī familia est. Num cēterī servī Cornēliī tuī servī sunt?"

Libanus: "Familia dominī meī est familia mea! Quot servī sunt in familiā tuā?"

Dēlia: "Centum servī ancillaeque."

Libanus: "Līberī quot sunt?"

Dēlia: "Trēs: duo fīliī et ūna fīlia. In familiā Iūliī sunt multī servī et paucī līberī. Quot sunt līberī in familiā Cornēliī?"

Libanus: "In familiā Cornēliī nōn trēs, sed duo līberī sunt: ūna fīlia, Cornēlia, et ūnus fīlius, Sextus. Numerus līberōrum parvus est, sed numerus servōrum nōn est parvus."

Dēlia: "Quot servī et quot ancillae sunt in familiā dominī tuī?"

Libanus: "Decem servī decemque ancillae."

decem = x (10)

Dēlia: "Decem parvus numerus est."

Libanus: "Sed decem et decem sunt vīgintī. Vīgintī nōn est parvus numerus. Familia mea est magna!"

vīgintī = xx (20)

Dēlia. "Nōn magna, sed parva est — neque tua est familia!"

COLLOQVIVM TERTIVM

Persōnae: Dēlia, Syra, Aemilia, Iūlia

Puella dormit. Quae est puella quae dormit? Puella quae dormit est Iūlia, fīlia Aemiliae.

Ancilla cantat: "Lalla." Quae est ancilla quae cantat? Ancilla quae cantat est Dēlia. Cūr Dēlia cantat? Dēlia cantat quia laeta est. Syra Dēliam audit. Syra et Dēlia sunt ancillae Aemiliae.

Syra: "St, Dēlia! Puella mea dormit."

Dēlia: "Puella tua? Quae est puella tua?"

Syra: "Est Iūlia."

Dēlia: "Iūlia nōn est tua puella, Iūlia puella Aemiliae est."

Syra: "Iūlia est fīlia Aemiliae — et mea quoque puella est."

Dēlia: "Lalla, lalla." Ancilla laeta cantat.

Syra: "Ssst! Iūlia tē audit." Syra īrāta est.

Dēlia: "Hahahae! Iūlia mē nōn audit, quia dormit. Lalla, lalla, lalla!" Dēlia rīdet et cantat.

Iūlia Dēliam audit. Iam nōn dormit puella.

Venit Aemilia, domina ancillārum. Dēlia iam nōn cantat neque rīdet, quia dominam videt.

Aemilia, quae Iūliam nōn videt, Syram interrogat: "Ubi est Iūlia, Syra?"

Dēlia respondet: "Fīlia tua nōn hīc est, domina."
Syra: "Domina nōn tē, sed mē interrogat."
Aemilia interrogat Syram: "Cūr fīlia mea hīc nōn est?"
Syra: "Iūlia hīc nōn est, quia dormit."
Iūlia, quae iam nōn dormit, Syram vocat: "Syra!"
Syra puellam nōn audit, sed Aemilia eam audit.
Aemilia: "Iūlia nōn dormit; tē vocat."
Syra interrogat: "Quem Iūlia vocat?"
Aemilia respondet: "Tē."
Iūlia Aemiliam vocat: "Mamma! Mam-ma!"
Iam Syra Iūliam audit.
Syra: "Iūlia nōn mē, sed tē vocat, domina."

Iūlia venit et Aemiliam interrogat: "Cūr Syra nōn venit?"
Aemilia: "Nōn venit, quia tē nōn audit."
Syra: "Ō, hīc est mea Iūlia puella."
Aemilia: "Mea puella est Iūlia, nōn tua. Sed cūr nōn dormit?"
Nōn Syra, sed Iūlia respondet: "Quia ancilla cantat et rīdet."
Aemilia īrāta Syram interrogat: "Quae est ancilla improba quae cantat et rīdet?"
Syra nōn respondet. Cūr nōn respondet Syra? Nōn respondet, quia dominam videt īrātam. Syra ancilla proba est.
Iūlia: "Iam nōn cantat ancilla neque rīdet."
Aemilia: "Neque iam dormit mea puella!"

COLLOQVIVM QVARTVM

Persōnae: Syra, Dāvus, Iūlius

Dāvus, servus Iūliī, laetus est, quia nummum habet in sacculō suō. Syra eum laetum videt.

Syra: "Quid est, Dāve?"

Dāvus: "Ecce sacculus meus, Syra."

Syra sacculum Dāvī videt, nummum in sacculō nōn videt.

Syra: "Vacuus est sacculus."

Dāvus: "Nōn est. In sacculō meō est pecūnia."

Syra: "Quot nummī sunt in sacculō tuō?"

Dāvus: "Ūnus nummus. Ecce nummus meus."

Syra: "Ūnus tantum nummus? Nōn magna est pecūnia tua! In sacculō Mēdī nōn ūnus tantum, sed multī nummī sunt."

Dāvus: "Sed meus est nummus quī in sacculō meō est."

Syra: "Quid? Nōnne Mēdī est pecūnia quae est in sacculō eius?"

Dāvus, quī probus est servus, tacet neque Mēdum accūsat. Servus probus servum nōn accūsat.

Syra: "Respondē, Dāve!"

Dāvus: "Mēdum interrogā!"

Syra: "Sed is nōn adest. Ubi est Mēdus?"

(Iūlius Mēdum vocat: "Mēde! Venī!")

Dāvus: "Mēdus abest. Audī! Dominus eum vocat."

(Iūlius rūrsus Mēdum vocat: "Mē-de! Venī, improbe serve!")
Iam Syra dominum audit.
Syra: "Cūr dominus īrātus est?"
Dāvus nōn respondet.
Syra: "Respondē, Dāve! Cūr īrātus est dominus?"

Iūlius venit. Syra dominum īrātum — et baculum eius — videt.
Iūlius: "Ubi est Mēdus, Dāve?"
Dāvus: "Nōn est hīc."
Iūlius: "Ō, servum improbum . . . !"
Syra: "Quid est, domine? Nōnne servus probus est Mēdus?"
Iūlius: "Num probus est servus quī pecūniam dominī in
sacculō suō habet?"
Syra tacet.
Dominus īrātus discēdit.

COLLOQVIVM QVINTVM

Persōnae: Iūlius, Dāvus, Mēdus

In oppidō Tūsculō magnum forum est. In forō est templum antīquum. Iūlius in forō est cum quattuor servīs, neque Mēdus in iīs est.

Ubi est Mēdus? Mēdus quoque in oppidō Tūsculō est, neque is in forō est cum dominō, sed sine dominō in templō. Mēdus sōlus est in magnō templō vacuō. Quid agit servus Iūliī in templō? Nummōs numerat.

Mēdus: "Quot nummī sunt in sacculō meō? Ūnus, duo, trēs, quattuor, quīnque, sex, septem, octō, novem, decem . . . . . nōnāgintā. Ecce nōnāgintā nummī: magna pecūnia mea est!"

nōnāgintā = xc (90)

". . . mea est!" respondet templum vacuum.

Mēdus: "Quid? Num dominus adest?"

". . . adest" respondet templum vacuum.

Sed sōlus est servus in templō. Nūllus dominus verba eius audit. Nōn in templō, sed in forō est Iūlius. Quid agit Iūlius in forō Tūsculānō? Dominus servum suum quaerit.

Tūsculānus -a -um < Tūsculum

Iūlius imperat: "Quaere Mēdum, Dāve!"

Dāvus: "Ubi?"

Iūlius: "Quaere eum in templō!"

Dāvus ab Iūliō discēdit.
Iam Dāvus in templō est et Mēdum quaerit.
Dāvus Mēdum in templō videt.
Dāvus: "Ō Mēde . . . !"
Mēdus: "St, tacē, Dāve! Tacē et discēde!"
Dāvus: "Dominus in oppidō est et tē quaerit.
Īrātus est dominus."
Mēdus: "Mēne quaerit dominus? Cūr mē
quaerit?"
Dāvus: "Quia nummī eius in sacculō tuō sunt!
Dominus nummōs suōs quaerit."
Mēdus: "Iūlius meus dominus iam nōn est. Neque nummī eius
in sacculō meō sunt."
Dāvus: "Ō improbe serve!"
Mēdus: "Age, discēde, Dāve — et tacē! Improbus est servus
quī servum accūsat."
Dāvus tacet, neque ab eō discēdit.
Mēdus ex sacculō suō sūmit duōs nummōs.
Mēdus: "Ecce nummī tuī, probe serve!"
Dāvus: "Nōn meī sunt nummī, neque tuī, sed Iūliī sunt."
Dāvus nummōs nōn sūmit, et sōlus discēdit ex templō.

In forō Iūlius Dāvum interrogat: "Estne Mēdus in templō?"
Dāvus tacet.
Iūlius: "Respondē, Dāve! In templōne est servus meus?"
templō-ne. . . ?
Dāvus respondet: "In templō est . . . servus tuus nūllus.
(Mēdus servus tuus iam nōn est!)"
Iūlius, quī prima tantum verba Dāvī audit, ex oppidō discēdit
sine Mēdō.
Mēdus sine dominō ex oppidō discēdit.

COLLOQVIVM SEXTVM

Persōnae: Mēdus, Iūlius, Dāvus, Syrus, Lēander, Ursus

Via Latīna est longa, sed Mēdus, quī viā Latīnā Tūsculō Rōmam ambulat, fessus nōn est, nam is ambulat ad Lȳdiam amīcam, quae Rōmae habitat. Lȳdia Mēdum amat et ab eō amātur.

Mēdus cantat: *"Nōn via longa est Rōmam . . ."*

Mēdus autem sōlus ambulat; itaque id quod cantat ā nūllō audītur.

Via quae est inter Tūsculum et vīllam Iūliī nōn tam longa est quam via Latīna, sed servī quattuor quī Tūsculō ad vīllam ambulant fessī sunt, quia lectīcam et saccōs portant. Duo servī, Dāvus et Ursus, lectīcam cum dominō portant. Saccōs portant Syrus et Lēander.

Iūlius, quī lectīcā vehitur, servōs videt fessōs et imperat: "Pōnite lectīcam in viā, servī!"

Servī fessī lectīcam in viā pōnunt neque iam ambulant. Syrus et Lēander saccōs pōnunt.

Dāvus: "Phū! Via longa est ab oppidō ad vīllam!"

Syrus: "Nōn longa est via, sed saccī magnī sunt."

Lēander: "Tuus saccus est parvus. Ecce saccus meus magnus! Dāvus autem lectīcam cum dominō portat, nōn saccum."

Syrus: "Dāvus nōn sōlus, sed cum Ursō lectīcam portat."

Ursus: "Neque vacua est lectīca! Dominus nōn tam parvus est quam saccus tuus, Syre."

Iūlius, quī Dāvum fessum videt, imperat: "Iam saccum Syrī portā, Dāve! Urse, sūme saccum Lēandrī! Agite, Syre et Lēander, lectīcam portāte!"

Servī pārent: Dāvus et Ursus saccōs sūmunt, lectīcam sūmunt Syrus et Lēander.

Iūlius imperat: "Ambulāte, servī!"

Iam rūrsus ambulant servī. Syrus et Lēander lectīcam cum dominō portant, et saccī portantur ab Ursō et Dāvō: Ursus saccum magnum portat, saccus parvus ā Dāvō portātur. Iam Dāvus nōn tam fessus est quam Syrus.

Syrus: "Phū! Via longa est ab oppidō ad vīllam!"

Dāvus ridet.

Ursus (ad Dāvum): "Cūr nōn ambulat dominus post lectīcam?"

Dāvus: "Dominus fessus vehitur, nōn ambulat, quia nōn est servus."

Ursus: "Et servī fessī ambulant, nōn vehuntur, quia dominī nōn sunt."

Lēander: "Num fessus est dominus, quī lectīcā vehitur?"

Dāvus: "Tacē , Lēander! Dominus tē audit."

Iūlius stertit: "Ssst-rrrch, ssst-rrrch . . . !"

Lēander: "Ecce dominus iam dormit, quia longā viā fessus est! Is mē nōn audit."

Verba servōrum ā Iūliō nōn audiuntur, nam dominus fessus iam dormit in lectīcā! Dominus quī dormit ā servīs nōn timētur.

COLLOQVIVM SEPTIMVM

Persōnae: Dōrippa, Lȳdia, Mēdus

Dōrippa, quae amīca Lȳdiae est, amīcam suam interrogat: "Quis est amīcus tuus?"

Lȳdia respondet: "Amīcus meus est Mēdus."

Dōrippa: "Estne vir Rōmānus?"

Lȳdia: "Nōn Rōmānus, sed Graecus est amīcus meus."

Dōrippa: "Habitatne Rōmae?"

Lȳdia: "Mēdus nōn Rōmae, sed prope Tūsculum habitat."

Dōrippa: "Quid est Tūsculum?"

Lȳdia: "Tūsculum est oppidum in viā Latīnā nōn procul ā Rōmā. Mēdus in vīllā prope Tūsculum habitat."

Dōrippa: "Vīllamne habet amīcus tuus?"

Lȳdia: "Nōn Mēdus, sed dominus eius habet vīllam."

Dōrippa: "Āh! Servus est amīcus tuus! Meus amīcus, Lepidus, nōn est servus. Pater eius vīllam habet et magnam pecūniam."

Lȳdia: "Mēdus bonus servus est et bonus amīcus, quī mē sōlam amat."

Dōrippa: "Cūr amīcus tuus Rōmam ad tē nōn venit?"

Lȳdia nōn respondet.

Dōrippa: "Quia in vīllā multae sunt ancillae fōrmōsae . . . "

Lȳdia: "Quid?"

Dōrippa: "Amīcus tuus nōn sōlum tē, sed etiam ancillam amat!"

Lȳdia: "Tacē, Dōrippa!"

Pulsātur ōstium.

Lȳdia: "Intrā!"

Mēdus ōstium aperit et intrat.

Mēdus: "Salvē, mea Lȳdia! Ecce amīcus tuus, quī sōlus Rōmam ad tē venit."

Lȳdia: "Ō amīce, salvē!"

Mēdus laetus ad Lȳdiam adit et eī multa ōscula dat. Lȳdia verbīs et ōsculīs Mēdī dēlectātur.

Lȳdia: "Ecce Dōrippa. Salūtā eam!"

Mēdus sē vertit ad Dōrippam eamque salūtat: "Salvē, Dōrippa!"

Dōrippa Mēdum salūtat: "Salvē, serve!"

Mēdus Lȳdiam interrogat: "Estne Dōrippa ancilla tua?"

Lȳdia: "Dōrippa nōn est ancilla, neque amīcus eius servus est."

Mēdus: "Neque tuus amīcus servus est, Lȳdia."

Lȳdia: "Quid? Ubi est dominus tuus?"

Mēdus: "Iūlius in vīllā est apud servōs suōs — neque is iam meus dominus est!"

Lȳdia laeta sē vertit ad Dōrippam: "Audī, Dōrippa: amīcus meus iam servus nōn est."

Dōrippa: "Neque ancilla est amīca tua!"

Dōrippa īrāta per ōstium exit. In viā ante ōstium videt Lepidum, amīcum suum. Lepidus autem Dōrippam nōn salūtat neque ab eā salūtātur, nam is cum ancillā fōrmōsā in viā ambulat! Lepidus ancillae ōsculum dat!

Dōrippa discēdit. In oculīs eius lacrimae sunt.

COLLOQVIVM OCTAVVM

Persōnae: Iūlius, Aemilia, Flōra, Iūlia

Ecce Iūlius et Aemilia in forō Tūsculānō. Forum plēnum est virōrum et fēminārum quī emunt aut vēndunt, in hīs Flōra, puella fōrmōsa, quae rosās vēndit. Aemilia rosās videt.

Iūlius
Iūlī! *(voc)*

Aemilia: "Aspice rosās, Iūlī!"
Iūlius: "Quās rosās?"
Aemilia: "Quās illa puella vēndit." Puellam digitō mōnstrat.
Iūlius puellam aspicit.
Iūlius: "Fōrmōsa est puella."
Flōra clāmat: "Ecce rosae! Emite rosās!"
Aemilia cum Iūliō adit ad Flōram, quae eōs salūtat: "Salvēte, domine et domina! Aspicite hās rosās!"

noster -tra -trum
= meus et tuus

Aemilia: "Ō, quam pulchrae sunt rosae tuae!"
Iūlius: "Hortus noster plēnus est rosārum."
Aemilia: "Sed illae rosae quae sunt in hortō nostrō nōn tam pulchrae sunt quam hae."
Iūlius: "Neque fīlia nostra tam pulchra est quam haec puella."
Aemilia: "Tacē, Iūlī! Rosās aspice, nōn puellam!"
Flōra ad Iūlium rīdet. Aemilia nōn rīdet.
Iūlius ūnam rosam sūmit et puellam interrogat: "Quantum est pretium huius rosae?"

Aemilia: "Nōn ūnam tantum, sed multās rosās eme, Iūlī!"
Flōra Iūliō et Aemiliae decem rosās ostendit: "Ecce decem rosae. Pretium hārum rosārum est duo sēstertiī tantum."
Iūlius: "Id magnum pretium nōn est. Ecce duo sēstertiī."
Iūlius Flōrae duōs sēstertiōs dat. Puella nummōs sūmit et Iūliō decem rosās vēndit. Iūlius rosās sūmit et Aemiliae dat.
Iūlius: "Accipe hās rosās ā virō tuō, quī tē amat, Aemilia!"
Aemilia laeta rosās accipit, et virō suō ōsculum dat.

Iūlius et Aemilia ad vīllam suam adveniunt et ā Iūliā laetā salūtantur: "Salvēte, pater et māter!"
Iūlius et Aemilia: "Salvē, Iūlia!"
Iūlia, quae venit ex hortō, decem rosās pulchrās ante sē tenet.
Iūlia: "Ecce rosae. Nōnne pulchrae sunt?"
Aemilia: "Ō, quam pulchrae sunt rosae tuae! Unde sunt illae rosae?"
Iūlia: "Ex hortō sunt. Accipe rosās, mamma!"
Iūlia Aemiliae decem rosās dat.
Iūlia: "Iam nōn meae, sed tuae sunt."
Aemilia laeta rosās accipit, et filiae suae ōsculum dat.
Iūlia: "Pretium decem rosārum nōn est ūnum ōsculum, sed decem!"
Iūlius: "Id magnum pretium est!"

Aemilia rīdet et fīliae suae decem ōscula dat.

Iūlius: "Māter tua aliās decem rosās habet. Ecce rosae eius."
Ex lectīcā decem rosās sūmit et Iūliae ostendit. Illae rosae iam nōn tam pulchrae sunt quam in forō, quia in aquā nōn sunt.

Iūlia rosās aspicit et interrogat: "Unde sunt illae rosae?"

Iūlius: "Ex forō Tūsculānō, ubi puella fōrmōsa rosās vēndit."

Iūlia: "Quantum est pretium illārum rosārum?"

Iūlius: "Duo sēstertiī — et ūnum tantum ōsculum!"

Iūlia: "Duo sēstertiī? Id est magnum pretium! In hortō nostrō sunt mīlle rosae, quārum pretium nūllum est."

Aemilia: "Num decem ōscula nūllum est pretium?"

Iūlia: "Cūr pater, quī hortum habet plēnum rosārum, aliās rosās emit ā puellā Tūsculānā? Nōnne rosae hortī nostrī tam pulchrae sunt quam eae quae tantō pretiō in forō emuntur?"

Iūlius Aemiliam aspicit, quae nōn respondet.

Iūlius: "Respondē, Aemilia! Iūlia tē interrogat."

Aemilia: "Sine aquā rosae nōn tam pulchrae sunt . . ."

Iūlia Iūlium interrogat: "Nōnne fīlia tua tam pulchra est quam puella quae rosās vēndit?"

Aemilia Iūlium aspicit, quī nōn respondet.

Aemilia: "Respondē, Iūlī! Iūlia tē interrogat."

Iūlius: "Fīlia mea tam pulchra est quam rosa . . ."

Iūlia: "Num illa puella tam pulchra est?" Iūlius tacet.

Aemilia: "Age, sūme rosās meās vīgintī, Iūlia, eāsque in aquā pōne!"

Iūlia vīgintī rosās sūmit et cum iīs abit.

Iūlius: "Pretium decem rosārum nōn est ūnum ōsculum tantum, sed decem ōscula!"

Aemilia rīdet et Iūliō quoque decem ōscula dat.

COLLOQVIVM NONVM

Persōnae: Faustīnus, Rūfus

Faustīnus, pāstor Iūliī, abest ab ovibus suīs, quia ovem nigram in silvā quaerit. Ovēs sine pāstōre in campō errant.

Ecce Faustīnus cum cane suō ex silvā venit. Pāstor ovem nigram umerīs portat.

Canis lātrat: "Baubau!"

Ovēs canem audiunt et ad pāstōrem suum currunt.

Faustīnus ovem nigram in terrā pōnit sub arbore.

Ovis bālat: "Bābā!"

Pāstor ovēs numerat: "Ūna, duae, trēs, quattuor, quīnque. . . ."

Dum ovēs ā pāstōre numerantur, vir īrātus accurrit. Est Rūfus, quī parvam vīllam cum hortō prope silvam habet.

Rūfus īrātus baculum ante sē tenet et clāmat: "Ō improbe pāstor! Ovēs tuae in hortō meō sunt!"

Faustīnus: "Quid agunt ovēs meae in hortō tuō?"

Rūfus: "Rosās meās edunt."

Faustīnus: "Ovēs nōn rosās, sed herbam edunt. Neque ovēs meae ā pāstōre suō abeunt. Quot ovēs sunt in hortō tuō?"

Rūfus: "Quattuor."

Faustīnus: "Nōn meae sunt illae ovēs. Ecce ovēs meae, quae apud mē sunt. Numerus eārum est centum. Age, numerā eās!"

Rūfus ovēs aspicit, neque eās numerat.
Rūfus: "Hīc centum ovēs nōn sunt."
Faustīnus: "Sunt centum. Nūlla ovis abest."

Ecce autem quattuor ovēs albae accurrunt! Post eās venit parvus canis īrātus, quī ūnam ovem dentibus petit.
Rūfus: "Ecce Persa, canis meus, quī cum ovibus tuīs venit."

mordēre = dentibus petere

Faustīnus: "Vocā canem tuum! Ovem meam mordet!"
Rūfus: "Persa, venī!"
Canis īrātus nōn venit, sed ovem mordet. Ovis, quae mordētur, bālat: "Bābaā!"
Iam canis pāstōris parvum canem videt et ad eum currit.
Persa sē vertit ab ove ad canem pāstōris, quī ante eum cōnsistit et dentēs ostendit.
Canis pāstōris lātrat: "Baubaubau!"
Parvus canis, quī magnum canem timet, nōn lātrat, sed ululat: "Uhuhū!" et ad dominum suum currit.
Ovēs quattuor, quae canem parvum iam nōn timent, laetae ad pāstōrem adeunt et ad eum bālant.
Rūfus: "Ovēs dominum suum amant. Nōnne tuae sunt?"
Faustīnus: "Nūllae ovēs meae iam sunt in hortō tuō."
Rūfus: "Sed vestīgia ovium tuārum in hortō meō sunt."
Faustīnus: "Et in collō ovis meae sunt vestīgia dentium canis tuī! Canis ille parvus tam malus est quam lupus!"
Rūfus: "Immō bonus canis est Persa. Canis meus ovēs nōn ēst."
Faustīnus: "Neque ovēs meae rosās edunt."

COLLOQVIVM DECIMVM

Persōnae: Iūlia, Syra

Iūlia et Syra in hortō ambulant cum Margarītā, cane Iūliae parvā et crassā. Sōl lūcet in caelō sine nūbibus. Iūlia laeta canit. Canis eam canere audit et caudam movet.

Ecce avis ante canem volat. Canis avem ante sē volāre videt et currit, sed avis iam procul ā cane est. Canis, quae avem capere vult neque potest, īrāta lātrat: "Baubau!"

Iūlia canem suam vocat: "Margarīta! Venī!"

Canis cōnsistit et ad Iūliam, dominam suam, currit.

Syra: "Necesse nōn est canem vocāre, neque enim canis avēs capere potest."

Iūlia: "Sed avēs canem timent."

Canis iam fessa iacet ad pedēs Iūliae. Syra canem crassam in herbā iacēre videt eamque spīrāre audit.

Syra: "Canem tuam crassam nūlla avis timet."

Iūlia: "Margarīta nōn est crassa!"

Canis aspicit Iūliam et caudam movet.

Iūlia: "Sed cūr nōn canunt avēs? Quid timent?"

Syra: "Nōn canem fessam, sed avem feram timent."

Iūlia: "Quam avem feram?"

Syra magnam avem quae suprā hortum volat digitō mōnstrat: "Ecce avis fera quae ā parvīs avibus timētur."

Iūlia caelum aspicit et magnam avem suprā sē volāre videt. Avis magnīs ālīs sustinētur, neque Iūlia ālās movērī videt.

Iūlia: "Quae est illa avis?"

Syra: "Est aquila, quae cibum quaerit."

Iūlia: "In caelō cibum reperīre nōn potest."

Syra: "Nōn in caelō, sed in terrā cibum quaerit. Aquila enim bonōs oculōs habet et parva animālia procul vidēre potest. Aquila est avis fera, quae aliās avēs capit et ēst."

Iūlia: "Avis improba est aquila!"

Syra: "Magna aquila etiam parvam puellam capere potest et ad nīdum suum portāre."

Iūlia: "Quid? Mēne aquila portāre potest?"

Syra Iūliam aspicit: puella tam crassa est quam canis sua. Syra rīdet neque respondet. Iūlia eam rīdēre nōn videt, nam caelum aspicit neque iam aquilam videt.

Iūlia: "Iam abest aquila."

Syra: "Est apud nīdum suum."

Iūlia: "Ubi est nīdus aquilae?"

Syra: "Procul in monte est, quō nēmō potest ascendere. Puerī nīdum aquilae reperīre nōn possunt."

Iūlia: "Sed aliōs nīdōs reperīre possunt. Ecce puerī quī nīdōs quaerunt in arboribus." Iūlia Mārcum et Quīntum in umbrā inter arborēs errāre et nīdōs quaerere videt.

Iūlia et Syra in sōle sunt.

Syra: "Venī in umbram, Iūlia!"

Iūlia canem, quae ad pedēs eius iacet, pede pulsat: "Age, curre, Margarīta crassa!"

Syra canem aspicit, et rīdet. Etiam Iūlia rīdet.

Margarīta ante Iūliam currit ad parvam arborem. Canis caudam movet et lātrat: "Baubau!"

Ecce avis perterrita ex arbore volat. Iūlia et Syra cōnsistunt ante arborem, unde parvae vōcēs audiuntur: "Pīpīpī, pīpīpī!"
Iūlia Syram interrogat: "Quid hoc est?"
Syra rāmōs et folia arboris movet et inter rāmōs parvum nīdum videt. Syra nīdum prope aspicit.
Syra: "Ecce nīdus in quō quīnque pullī sunt. Aspice, Iūlia!"
Iūlia nīdum aspicit, neque pullōs videt, quia nimis parva est.
Iūlia, quae pullōs aspicere vult, imperat: "Impōne mē in umerōs tuōs, Syra!"
Syra: "Umerī meī tē portāre nōn possunt."
Iūlia: "Sustinē mē tantum!"
Syra Iūliam ā terrā sustinet. Iam puella pullōs videt in nīdō. Pullī autem tacent neque iam pīpiant.
Iūlia: "Ō, quam parvī sunt! Cūr nōn pīpiant neque sē movent?"
Syra: "Quia perterritī sunt; tē enim vident."
Iūlia: "Pullī mē vidēre nōn possunt, neque enim oculōs aperiunt."
Syra fessa puellam crassam in terrā pōnit.
Syra: "Sed vōcem tuam audiunt pullī — et māter pullōrum tē nōn sōlum audit, sed etiam videt. Audī: avis pīpiat, quia ad nīdum suum adīre nōn audet."

pullus pīpiat: "pīpīpī!"

Audītur vōx Mārcī: "Venī, Quīnte! In hāc arbore nīdus est."
Iūlia: "Ō, Mārcus nīdum videt."
Syra: "Discēde ab arbore, Iūlia! Mārcus alium nīdum videt, hunc nīdum reperīre nōn potest." Iūlia et Syra cum cane ab arbore discēdunt. Avis eās discēdere videt et ad nīdum suum volat.
Pullī, quī mātrem suam venīre vident, rūrsus pīpiant: "Pīpīpī!" Pullī cibum exspectant.
Avis pullīs suīs cibum dat.

māter *(nōm)*
mātrem *(acc)*

COLLOQVIVM VNDECIMVM

Persōnae: Sextus, Fabia

Cornēlius et Fabia, quī Tūsculī habitant, ūnum fīlium, Sextum, habent. Sextus Tūsculī apud mātrem suam est, sed Cornēlius abest. Fabia virum suum exspectat.

> māter mātris *f*

Sextus mātrem interrogat: "Cūr nōn venit pater?"

Fabia: "Rōmā Tūsculum via longa est."

Sextus: "Nōn longa est via. Atque bonum equum habet pater."

Fabia: "Equus bonus est. Cornēlius equum suum amat neque eum verberat; itaque equus nōn currit, sed ambulat."

Sextus: "Estne sōlus pater?"

> pater patris *m*

Fabia: "Nōn sōlus, nam equus est apud eum."

Sextus: "Cūr nūllus servus apud patrem meum est?"

Fabia: "Quia pater tuus ūnum tantum equum habet, neque ūnus equus duōs hominēs Tūsculō Rōmam vehere potest."

Sextus: "Cūr pater meus ūnum tantum equum habet? Pater Mārcī multōs equōs habet."

Fabia: "Quis dīcit 'Iūlium multōs equōs habēre'?"

> Mārcus: "Pater *meus* x equōs habet."

Sextus: "Mārcus id dīcit."

Fabia: "Quot equōs habet Iūlius?"

> M. dīcit 'patrem *suum* x equōs habēre'

Sextus: "Mārcus dīcit 'patrem suum decem equōs fōrmōsōs habēre.' Cūr pater meus decem equōs nōn habet?"

Fabia: "Quia pater tuus nōn tam pecūniōsus est quam pater Mārcī. Iūlius magnam familiam habet et magnam vīllam."

> magnam familiam = multōs servōs

Sextus: “Quot servōs habet Iūlius?”
Fabia: “Interrogā Mārcum!”
Sextus: “Mārcus dīcit ‘servōs eius numerārī nōn posse!’”
Fabia: “Iūlius habet centum servōs, ut ipse dīcit — sed Mārcus centum numerāre nōn potest!”
Fabia Mārcum puerum stultum esse putat.
Sextus: “Mārcus nōn potest centum servōs numerāre, sed decem equōs numerāre potest! Cūr Iūlius, quī decem equōs habet, patrī meō equum nōn dat? Nōnne Iūlius amīcus patris est?”
Fabia: “Est. Sed Iūlius multōs amīcōs habet.”
Sextus: “Quid Iūlius nōn habet?”
Fabia: “Cornēlius quoque multōs habet amīcōs. Pecūniōsus nōn est vir meus, sed bonus vir, bonus pater, bonus amīcus est.”
Sextus: “Etiam Iūlius bonus pater est. Cum revenit ex oppidō, līberīs suīs multa dōna dat.”

dōnum -ī *n* = id quod datur

Fabia: “Quī magnam pecūniam habet, multa et magna dōna emere potest.”
Sextus: “Nec sōlum līberīs suīs, sed etiam mātrī eōrum magna dōna dat. Māter Mārcī multa ōrnāmenta accipit ā virō suō. Mārcus dīcit ‘mātrem suam et gemmīs et margarītīs et ānulīs pulchrīs ōrnārī nec aliam fēminam tam fōrmōsam esse . . .’”
Fabia: “Num māter Mārcī sine ōrnāmentīs tam fōrmōsa est quam māter tua?”
Sextus: “Nūlla fēmina tam pulchra est quam māter mea!”
Fabia verbīs fīliī dēlectātur eumque interrogat: “Quis id dīcit?”
Sextus nōn respondet, nam equum accurrere audit.
Sextus: “Audī! Pater venit. Equus eius nōn ambulat, sed currit.”
Fabia: “Quid est? Cūr equus currit? Age, exī ante ōstium!”
Exit Sextus.
Cūr equus Cornēliī currit? Vidē colloquium duodecimum!

duo-decimus -a -um = XII. (12.)

COLLOQVIVM DVODECIMVM

Persōnae: Mīles, Cornēlius, Mēdus.

Cornēlius viā Latīnā Rōmā Tūsculum it. In viā Latīnā mīles Rōmānus, quī ipse Rōmā Tūsculum it, Cornēlium post sē venīre audit.

Mīles, quī in sōle ambulat, fessus est, quia arma gravia fert. Cornēlius dominus, quī equō vehitur, nōn est fessus, sed fessus est equus quī dominum gravem vehit. Itaque equus Cornēliī nōn currit, sed ambulat. Cornēlius nōn verberat equum suum fessum.

Mīles Cornēlium salūtat: "Salvē, domine! Equus tuus bonus est, nec sōlum tē, sed etiam mē portāre potest!"

Cornēlius virum armātum timet, quia ipse arma nōn fert; itaque mīlitem equum ascendere iubet: "Ascende! Hīc post mē sedē!"

Mīles equum ascendit. Iam duo hominēs ūnō equō vehuntur: mīles sedet post Cornēlium, Cornēlius ante mīlitem sedet.

Equus Cornēliī, quī duōs virōs gravēs Tūsculum vehere nōn potest, īrātus hinnit: "Hihihī!" atque in viā cōnsistit.

Cornēlius equum ambulāre iubet: "Ambulā, eque!" Equus autem rūrsus hinnit neque sē movet.

Mīles equum hinnīre audit et Cornēlium interrogat: "Cūr nōn ambulat equus?"

Cornēlius respondet: "Quia ūnum tantum hominem vehere potest."

Mīles: "Improbus est equus. Verberā eum!"

Cornēlius: "Equus meus probus est; eum verberāre necesse nōn est." Cornēlius equum suum amat neque eum verberāre vult.

Mīles īrātus clāmat: "Age, curre, eque!" atque equum gladiō verberat!

Equus perterritus currit, atque mīles ad terram cadit! Caput eius viam pulsat.

Cornēlius equum cōnsistere iubet, sed equus perterritus Tūsculum currit. Sextus, fīlius Cornēliī, quī ex ōstiō viam spectat, equum accurrere videt ac perterritus ab eō fugit. Equus cum dominō ante ōstium cōnsistit.

Mīles autem quiētus in viā iacet ut mortuus. Dē fronte eius sanguis fluit.

Dum mīles illīc in sōle iacet, Mēdus advenit. Unde venit Mēdus? Is Tūsculō venit et viā Latīnā Rōmam ambulat.

Mēdus laetus canit: "*Nōn via longa est Rōmam . . .* "

Hīc Mēdus hominem in viā iacēre videt et ante eum cōnsistit.

Mēdus sē interrogat: "Quis est hic vir quī in mediā viā iacet?" et ipse respondet: "Est mīles, nam armātus est."

in mediā viā = in mediā parte viae

Servus caput mīlitis manū sustinet et, dum sanguinem dēterget, interrogat eum: "Quid est, amīce? Doletne caput?"

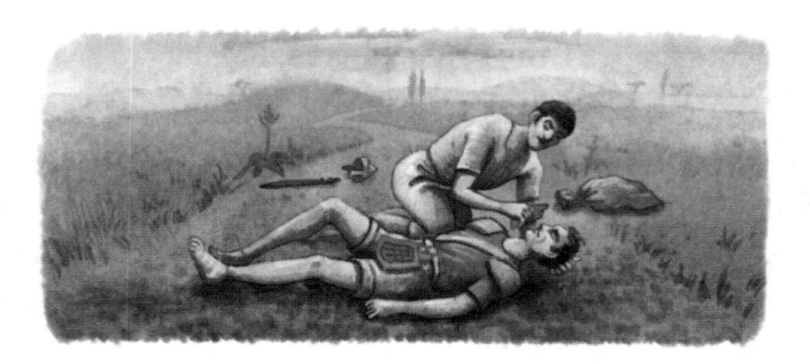

Vōx Mēdī ā mīlite nōn audītur. Mīles sē nōn movet, nec Mēdus eum spīrāre audit. Ergō Mēdus mīlitem mortuum esse putat.

Sed ecce mīles oculōs aperit et parvā vōce dīcit: "Aquam . . .!"

Mēdus, quī mīlitem vīvere gaudet, ex parvō rīvō aquam arcessit et mīlitī dat.

Mīles laetus ē manū Mēdī bibit et 'aquam bonam esse' dīcit: "Aqua bona est. Iam necesse nōn est mē sustinēre, amīce!"

Mēdus: "Doletne caput?"

Mīles: "Nōn male dolet . . ."

Mēdus: "Venī Rōmam ad medicum!"

Mīles: "Id necesse nōn est — sed necesse est mē Tūsculum īre: illīc enim dux exercitūs in castrīs mē exspectat."

Mēdus: "Rōmae mē exspectat amīca mea."

Mīles: "Id mē dēlectat. Mē quoque puella Rōmāna amat et Rōmam vocat . . . Sed iam dux mē vocat in castra. Bonus mīles ducī suō pāret, ut bonus servus dominō suō. Ergō valē, bone serve, ac bene ambulā!"

"Salvē!" dīcit is quī advenit
"Valē!" dīcit is quī discēdit

Mēdus rīdet et respondet: "Valē, bone mīles!"

Mīles, quī ducem exercitūs timet, Mēdum relinquit et Tūsculum ad exercitum ambulat. Mīles ducī suō pāret.

Mēdus, quī Rōmam ambulat ad amīcam suam, mīlitem stultum esse putat. Mēdus dominō suō nōn pāret.

COLLOQVIVM TERTIVM DECIMVM

Persōnae: Medicus, Syrus, Iūlius, Aemilia, Syra

Hōra octāva est. Dum Quīntus in lectō iacet in cubiculō suō, Medicus in ātriō Iūlium exspectat. Servus adest Syrus.

Iūlius ex cubiculō Quīntī venit.

Medicus interrogat: "Dormitne puer?"

"Nōn dormit" respondet Iūlius, "Quīntus dormīre nōn potest, quod iam nōn modo pēs eius dolet, sed etiam bracchium."

Medicus: "Pēs tantum aegrōtat."

Iūlius: "Cum pēs aegrōtat, necesse nōn est vēnam bracchiī aperīre. Hōc modō pēs aeger nōn sānātur."

Medicus: "Sanguis ā corde per vēnās fluit in tōtum corpus hūmānum, ut dīcit Hippocratēs . . ."

Hippocratēs -is *m*

Hīc intrat Aemilia cum Syrā ancillā, quae pōculum fert plēnum sanguinis.

Aemilia: "Ecce sanguis Quīntī in pōculō. In corpore eius iam nōn multum sanguinis est, ut ostendit color eius albus. Fīlius noster nunc aegrior est quam erat!"

Medicus: "Sed faciēs eius nimis rubra erat. Puer crassus . . ."

Aemilia: "Num fīlius meus puer crassus est?"

Syra (parvā vōce ad Aemiliam): "Is nōn est tam crassus quam ipse medicus!" Sed ea verba ā crassō medicō nōn audiuntur.

Medicus: "Nōn nimis crassus est puer. Homō autem crassus, cui color faciēī ruber est, nimis multum sanguinis habet . . ."

Iūlius: ". . . ut dīcit Hippocratēs!"

Aemilia: "Quis est Hippocratēs?"

Medicus: "Est medicus Graecus clārissimus. Ille dīcit 'hominem crassum ac rubrum nimis multum sanguinis habēre in corpore'."

Iūlius: "Ergō in corpore tuō crassō nimis multum est sanguinis!"

Medicus: "Num crassum est corpus meum?"

Iūlius: "Crassius est quam corpus Quīntī. Atque ecce faciēs tua rubra. Sānā tē ipsum, medice!"

Medicus: "Quō modō?"

Iūlius: "Sūme cultrum ac vēnam aperī tuam!"

Rīdent Aemilia et Syra. Item Syrus rīdēre incipit.

Medicus (īrātus): "Servus tuus mē rīdet!"

Iūlius Syrum tacēre iubet: "Tacē, Syre! Exī atque equum medicī dūc ante ōstium!"

Exit Syrus.

Vōx Quīntī audītur ex cubiculō: "Venī, māter!"

Iūlius: "Audī, Aemilia! Quīntus tē vocat. Estne sōlus in cubiculō?"

"Nōn est" respondet Aemilia, "Dēlia est apud eum. Quīntus gaudet medicum abesse, et mē exspectat."

Medicus: "Cūr mē abesse gaudet?"

Aemilia: "Quia tē atque cultrum tuum metuit. Dīcit 'tē esse malum medicum!'"

Medicus: "Quid? Ille puer id dīcere audet?"

Syra (parvā vōce in aurem Aemiliae): "Nōn puer tantum id dīcit!"

Iūlius: "Nōnne malus est medicus quī hominēs aegrōs nōn sānat, sed aegriōrēs facit?"

Medicus: "Quī medicus id facit?"

Iūlius medicum aspicit nec respondet.

Quīntus rūrsus mātrem vocat: "Māter! Ma-ā-ter!"

Iūlius: "Ī ad Quīntum, Aemilia, atque iubē eum dormīre! Hōra octāva est."

Aemilia abit ad fīlium suum aegrum.

Medicus: "Iam tempus est mē abīre."

Iūlius: "Nēmō tē hīc tenet."'

Medicus: "Ubi est equus meus?"

Iūlius: "Iam stat ante ōstium."

Iūlius cum medicō ante ōstium exit. Illīc stat equus medicī, quī ā Syrō tenētur. Medicus equum ascendit.

Medicus: "Valē, domine!"

Iūlius: "Valē, medice! Necesse nōn est tē post hunc diem revenīre."

Medicus sōlus discēdit.

COLLOQVIVM QVARTVM DECIMVM

Persōnae: Aemilia, Iūlius

Vesper est. Aemilia in peristȳlō est cum Iūliō.

Aemilia: "Venī mēcum in hortum, Iūlī. Dēlectat mē tēcum ambulāre in hortō nostrō."

Iūlius: "Mē quoque id dēlectat. Sed sōl iam nōn lūcet. Vesper est."

Aemilius: "Cum sōl lūcet, nimis calidus est āēr in hortō. Merīdiē in sōle ambulāre mē nōn dēlectat, sed vesperī āēr nec nimis calidus nec nimis frīgidus est."

vesperī *(adv)* ↔ māne

Iūlius: "Sed obscūrus est hortus vesperī. Rosae vidērī nōn possunt."

Aemilia: "Hāc nocte hortus obscūrus nōn est, nam lūna et stēllae lūcent. Ecce magna lūna quae suprā montem ascendit."

Lūnam spectāns Iūlius "Lūna plēna est hāc nocte" inquit "quae est ante kalendās Iūniās. Sed rēs male illūstrantur lūce lūnae. Rosārum color vidērī nōn potest."

Aemilia: "Lūx lūnae hortum nostrum pulchrum etiam pulchriōrem facit. Age, venī mēcum, Iūlī!"

Aemilia manum Iūliī capit eumque sēcum dūcit in hortum.

In hortō Aemilia "Nōnne pulchra est lūna?" inquit, "Est ut faciēs hūmāna. Ecce ōs eius quod ad tē rīdet."

Iūlius prīmum lūnam spectat, deinde faciem Aemiliae rīdentem: "Ad mē" inquit "nōn sōlum ōs lūnae rīdet, sed etiam ōs tuum rubrum ut rosa."

Aemilia rīdēns "Hāc lūce" inquit "color rosārum vidērī nōn potest — num ōris meī color vidērī potest?"

Iūlius rūrsus Aemiliam aspiciēns "Etiam sine colōre" inquit "faciēs tua fōrmōsa est, Aemilia: oculī tuī ut stēllae lūcent et dentēs ut margarītae! Atque collum tuum album bene vidētur. Ō, quam fōrmōsum est collum tuum!" Iūlius collō Aemiliae ōsculum fert.

ōsculum ferre = ōsculum dare

Aemilia: "Ō Iūlī! Verba tua mē dēlectant."

Iūlius: "Ubi sunt margarītae quibus collum tuum ōrnārī solet?"

Aemilia: "Nōnne fōrmōsum est collum meum sine margarītīs?"

Iūlius: "Nōn tam fōrmōsum quam cum margarītīs! Margarītae tē, fēminam pulchram, etiam pulchriōrem faciunt. Ubi sunt cētera ōrnāmenta tua?"

Aemilia: "Ecce gemmae in auribus et ānulī in digitīs."

Iūlius: "Sed collum tibi nūdum est. Ubi sunt eae margarītae, Aemilia?" Iūlius terram ante Aemiliam spectat.

Aemilia: "Sunt in cubiculō nostrō."

Iūlius, quī margarītās in herbā quaerit, haec verba nōn audit, sed "Quid est hoc" inquit "quod ante pedēs tuōs iacet?"

Aemilia: "Nōn est margarīta."

Iūlius id quod in herbā iacet manū tangit atque "Fui!" inquit horrēns, "Est parva bēstia nūda."

Aemilia: "Quae bēstia? Vīvitne?"

"Hāc lūce" inquit Iūlius "nihil vidērī potest", ac deinde: "Nōn ūna, sed quattuor parvae bēstiae hīc iacent. Nōn vīvunt, nam frīgidae sunt nec sē movent."

Iūlius corpora bēstiārum rūrsus tangit et ālās brevēs sentit.

Iūlius: "Pullī avium sunt. Ō, quam foedī sunt pullī mortuī!"

Aemilia: “Hāc lūce vidērī nōn possunt.”

Iūlius: “Nōn vidērī, sed tangī possunt. Corpora eōrum nūda sunt atque foeda et sordida, colla longa et nūda . . .”

Aemilia: “Mihi quoque nūdum est collum.”

Iūlius: “Cūr quattuor pullī mortuī hīc iacent?”

Aemilia: “Interrogā Iūliam: ea respondēre potest.”

Iūlius: “Eane etiam margarītās tuās reperīre potest?”

Aemilia “Surge, Iūlī!” inquit, “Neque enim necesse est margarītās in hortō quaerere: in cubiculō nostrō sunt. Ī in cubiculum atque affer mihi margarītās!”

Iūlius autem Aemiliam aspiciēns “Margarītās tibi afferre” inquit “necesse nōn est. Sine ōrnāmentō fōrmōsissimum est collum tuum atque umerī tuī . . .”

Hīc Iūlius collō et umerīs Aemiliae ōscula fert atque “Iam venī mēcum” inquit “in cubiculum nostrum!”

Iūlius manum Aemiliae capit eamque sēcum dūcit in cubiculum.

COLLOQVIVM QVINTVM DECIMVM

Persōnae: Mārcus, Iūlia, Aemilia, Iūlius, servī

Post merīdiem Mārcus in hortō ambulāns Iūliam inter rosās sedentem videt. Puella quiēta est neque canit.

Frāter apud sorōrem cōnsīdit eamque interrogat: "Cūr tam quiēta es, Iūlia, neque canis?"

Iūlia: "Nōn canō, quia trīstis sum."

Mārcus: "Quid trīstis es? Nōnne rosae tē dēlectant?"

Mārcus Iūliae rosās pulchrās mōnstrat, neque ea rosās aspicit. In oculīs puellae lacrimae sunt. Mārcus eam lacrimāre videt.

Mārcus: "Quid est, Iūlia? Quid plōrās?"

Iūlia: "Nōn plōrō. Lacrimō quod pullī sunt mortuī. Ecce pullī."

Iūlia nīdum ē rosīs sūmit et frātrī ostendit. In nīdō sunt quattuor pullī mortuī.

Mārcus tacitus pullōs aspicit, tum rīdēre incipit: "Hahaha!"

Iūlia: "Quid rīdēs, Mārce?"

Mārcus: "Rīdeō, quod pullī foedī sunt!"

Iūlia: "Fōrmōsī sunt pullī mortuī. Cūr tū eōs foedōs esse putās?"

Mārcus: "Aspice, Iūlia: corpora eōrum sunt nūda et sordida, colla nimis longa, ālae nimis brevēs. Nihil foedius est quam pullus mortuus!"

Haec verba audiēns Iūlia plōrāre incipit atque mātrem vocat: "Uhuhū! Mamma!"

Mārcus rīdēns ā sorōre plōrante discēdit.

Aemilia accurrit et Iūliam oculōs tergēre ac laetam esse iubet: "Tergē oculōs, Iūlia! Es laeta! Quid manū tenēs?"

"Nīdum cum pullīs teneō" inquit Iūlia, et mātrī nīdum et pullōs ostendit.

Aemilia nīdum aspiciēns "At mortuī sunt pullī!" inquit, "Cūr eōs pullōs foedōs nōn relinquis et mēcum venīs in vīllam?"

Haec verba audiēns Iūlia rūrsus plōrāre incipit.

Aemilia: "Dēsine plōrāre, Iūlia! Venī in cubiculum! Fessa es."

Iūlia exclāmat: "Nōn sum fessa! Nōn sum fessa!" sed māter manum eius capit et eam sēcum in vīllam dūcit.

Nīdus ad terram cadit. Quattuor pullī mortuī in herbā iacent.

Iam Iūlia quiēta in lectulō suō dormit. Servī autem quiētī nōn sunt, sed canunt et rīdent, quia dominum nōn vident; servī enim dominum sevērum ā vīllā abesse putant.

Sed Iūlius, quī in peristȳlō est, servōs canere et rīdēre audit eōsque quiētōs esse iubet: "Este quiētī, servī! Cūr canitis et rīdētis, dum Iūlia dormit?"

Respondent servī: "Canimus et rīdēmus quia laetī sumus. Nōnne tū canis et rīdēs cum laetus es?"

Dominus īrātus magnā vōce clāmat: "Tacēte!!! Ego dominus sum, vōs servī estis! Iūlia dormit."

Puella dormiēns clāmōre patris excitātur. Iūlia ē lectō surgit atque ē cubiculō exit.

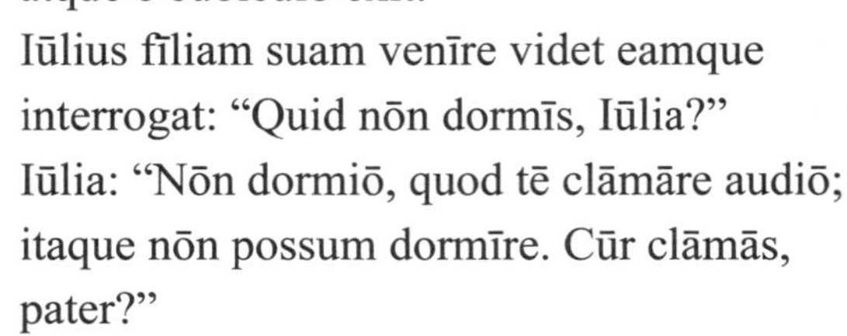
Iūlius fīliam suam venīre videt eamque interrogat: "Quid nōn dormīs, Iūlia?"

Iūlia: "Nōn dormiō, quod tē clāmāre audiō; itaque nōn possum dormīre. Cūr clāmās, pater?"

Iūlius: "Ego servōs clāmantēs tacēre iubeō. Nōnne servōs improbōs clāmāre audis?"

COLLOQVIVM SEXTVM DECIMVM

Persōnae: Dōrippa, Lepidus, Lȳdia, Mēdus

Māne est. Urbs Rōma prīmā lūce sōlis orientis illūstrātur. Ventus frīgidus ā montibus flāre incipit.

Dōrippa, amīca Lȳdiae, ē lectō surgit et fenestram aperit. In viā īnfrā fenestram Lepidum advenīre videt.

Lepidus, quī multās rosās sēcum fert, ad cubiculum Dōrippae ascendit atque intrāns "Salvē" inquit, "amīca mea!"

Dōrippa eum nōn salūtat.

Lepidus: "Ecce rosās quās tibi afferō, Dōrippa, rosa mea! Accipe hās rosās ab amīcō tuō!"

Dōrippa tacita Lepidum intuētur neque locō sē movet.

Lepidus: "Nōnne rosae tē dēlectant?"

Dōrippa rosās manū capit et ad terram iacit!

Lepidus: "Quid agis, Dōrippa? Cūr rosās pulchrās ad terram iacis?"

Dōrippa: "Eās rosās dā amīcae tuae!"

Lepidus: "At rosās amīcae meae dō."

Dōrippa: "Nōn sum ego amīca tua."

Lepidus: "Quid audiō?"

Dōrippa: "Id quod vērum est."

Lepidus: "Sed ego tē amō, Dōrippa."

Dōrippa: "Tū nōn mē, sed ancillam amās."
Lepidus: "Quid dīcis?"
Dōrippa: "Dīcō 'nōn mē, sed ancillam ā tē amārī'."
Lepidus: "Quam ancillam dīcis?"
Dōrippa: "Eam ancillam fōrmōsam cum quā ambulāre solēs."
Lepidus: "Ego nōn soleō ambulāre cum ancillā."
Dōrippa: "Putāsne mē oculōs nōn habēre? In mediā viā ancillae ōscula dās!"

acc mē *dat* mihi
tē tibi
sē *sibi*

Lepidus: "Dēsine mē accūsāre, Dōrippa! Ea fēmina quam tū 'ancillam' dīcis nōn ancilla, sed . . . soror mea est."

D.: "*Mihi* frāter est"
D. dīcit '*sibi* frātrem esse'

Dōrippa: "Vērum nōn dīcis. Tibi soror nūlla est. Sed mihi est frāter magnus quī tē pulsāre potest!" Dōrippa 'sibi frātrem esse' dīcit — id quod vērum nōn est!
Lepidus: "Ubi est ille frāter tuus?"
Dōrippa: "Hīc apud mē habitat."
Lepidus: "Id vērum nōn est. Ego frātrem tuum nōn timeō!"
Dōrippa: "Nec frāter meus tē timet. Iam discēde, Lepide, antequam ille revenit!"

Dum Dōrippa loquitur, aperītur ōstium, atque Lȳdia cum Mēdō cubiculum intrat. Lȳdia et Mēdus Dōrippam salūtant et ab eā salūtantur, Lepidō spectante.
Dōrippa sē ad Lepidum vertit et "Ecce frāter meus" inquit "quī cum amīcā suā venit!"
Mēdus: "Quid dīcis?"
Dōrippa: "Sūme rosās tuās, Lepide, atque abī, antequam frāter meus tē per fenestram iacit!"
Lepidus, quī Mēdum virum magnum et fortem atque fenestram apertam videt, statim per ōstium ēgreditur neque rosās sēcum fert. Dōrippa autem rosās sūmit eāsque per fenestram iacit in viam!

Lȳdia: “Quid agis, Dōrippa? Cūr amīcum tuum abīre iubēs ac rosās per fenestram iacis?”
Dōrippa: “Is amīcus meus iam nōn est.”
Mēdus: “Cūr mē ‘frātrem tuum’ appellās?”
Dōrippa: “Quia Lepidus frātrem meum verētur.”
Lȳdia: “Sed tibi nūllus est frāter, Dōrippa.”
Dōrippa: “Nec Lepidō soror est! Ille dīcit ‘sibi sorōrem esse’, ergō ego ‘mihi frātrem esse’ dīcō!”
Lȳdia: “Cūr Lepidus dīcit ‘sorōrem sibi esse’?”
Dōrippa: “Quia nōn mē, sed aliam fēminam amat. Eam fēminam ‘sorōrem suam esse’ dīcit — id quod vērum nōn est.”
Hoc dīcēns Dōrippa lacrimās tenēre nōn potest. Lȳdia amīcam lacrimantem complectitur atque cōnsōlārī cōnātur.
Lȳdia: “Dēsine lacrimāre, Dōrippa mea! Gaudē quod ille vir improbus tē nōn amat!”
Dōrippa: “Omnēs virī sunt improbī!”
Lȳdia: “Nōn omnēs, Dōrippa. Aspice Mēdum: is est vir probus atque vērus amīcus, quī amīcam suam nōn relinquit.”
Dōrippa Mēdum aspicit, tum ad Lȳdiam sē vertēns “Et tū” inquit “es fēmina proba atque vēra amīca, quae nōn relinquis amīcam tuam. — Sed quid hodiē māne ad mē venīs?”
Lȳdia: “Veniō quia mihi necesse est Rōmā proficīscī cum amīcō meō. In portū Ōstiēnsī bona nāvis nōs opperītur, atque ventus secundus est.”

Dōrippa: "Ergō tū quoque mē relinquis! Iam neque amīcum neque amīcam Rōmae habeō."

Lȳdia: "Multae aliae amīcae sunt tibi, Dōrippa. Ego omnēs amīcas meās Rōmānās relinquō."

Dōrippa: "Sed cūr necesse est tē Rōmā proficīscī atque amīcās tuās relinquere? Id tē interrogō."

Lȳdia: "Quia amīcus meus mē Rōmae relinquere nōn vult. Necesse est enim Mēdum Rōmā fugere, quia dominus eius hīc eum reperīre potest. In Italiā quiētī vīvere nōn possumus, quod Mēdus dominum suum sevērum metuit."

Mēdus: "Ego nūllum dominum metuō nec Rōmā fugiō!"

Lȳdia: "Sed necesse est nōs Rōmā profiscīscī."

Mēdus: "Vērum dīcis: necesse est nōs simul in patriam nostrum redīre."

Dōrippa: "Quae est patria vestra?"

Lȳdia: "Est Graecia. Mēdus in Graeciam, patriam suam, redīre vult, itaque necesse est mē simul in Graeciam īre, quae mea quoque patria est; neque enim sine amīcō meō vīvere possum."

Mēdus: "Age, venī mēcum, Lȳdia! Tempus est abīre."

dolēre ↔ gaudēre

Lȳdia amīcae suae ōsculum fert et "Doleō" inquit "quod mihi necesse est tē relinquere, mea Dōrippa. Bene vīve valēque!"

Mēdus: "Valē, Dōrippa!"

et vōs = etiam vōs

Dōrippa: "Et vōs valēte! Bene nāvigāte!"

Exit Mēdus, Lȳdiā sequente.

COLLOQVIVM SEPTIMVM DECIMVM

Persōnae: Iūlia, Mārcus

Iūlia Mārcum interrogat: "Quid vōs discitis apud magistrum?"
Mārcus sorōrī respondet: "Computāre discimus."
Iūlia: "Tū docē mē computāre, Mārce!"
Mārcus: "Ego nōn possum tē docēre, nec enim sum magister. Sed tē interrogāre possum. Ergō respondē mihi: Quot oculī sunt tibi?"
Iūlia statim respondet: "Duo."
Mārcus: "Rēctē respondēs, Iūlia. Quot oculī sunt deō Iānō?"
Iūlia: "Nōnne eī quoque duo oculī sunt?"
Mārcus: "Nōn duo tantum, nam Iānus est deus cui duae faciēs sunt."
Iūlia: "Quōmodo?"
Mārcus: "Est ut dīcō. In faciē eius priōre sunt duo oculī, et in faciē posteriōre alterī duo oculī sunt. Iānus simul ante sē et post sē aspicere potest."
Iūlia: "Ergō Iānus quattuor oculōs habet, nam duo et duo sunt quattuor."
Mārcus sorōrem laudat: "Rēctē respondēs, Iūlia. Bene computās."
Iūliā tacente, Mārcus "Nōnne tū gaudēs" inquit "quod ā mē laudaris?"

Iūlia: "Gaudeō quod ā tē laudor, sed id quod interrogor nimis facile est. Ego nōn parvōs tantum numerōs sciō."

Mārcus: "Ā parvīs numerīs incipere oportet. Nunc autem ad hoc respondē: Quot digitī sunt tibi?"

Iūlia digitōs manūs sinistrae numerat: "Ūnus, duo, trēs, quattuor, quīnque. In hāc manū sunt quīnque digitī."

Mārcus: "Et in manū dextrā item quīnque digitī sunt. Quot digitī sunt in duābus manibus tuīs?"

Iūlia: "Id nesciō."

Mārcus: "Quot sunt quīnque et quīnque? Sī nescīs ad hoc respondēre, puella stulta es. Digitīs computā!"

Iūlia quemque digitum manūs dextrae tangit, dum numerōs dīcit ā sex ūsque ad decem: "Sex, septem, octō, novem, decem. Quīnque et quīnque sunt decem. Mihi sunt decem digitī."

Mārcus: "Alterum respōnsum est rēctum — alterum nōn rēctum! Nec enim in manibus tantum, sed etiam in pedibus sunt digitī. In duōbus pedibus tuīs tot digitī sunt quot in manibus: quot igitur digitī sunt tibi?"

tot . . . quot = tam multī . . . quam

Iūlia: "Tot digitōs numerāre nōn possum."

Mārcus: "Quot sunt decem et decem?"

Iūlia: "Duodecim, putō; nec vērō certa sum." Iūlia Mārcō respōnsum incertum atque prāvum dat.

Mārcus: "Duodecim? Id respōnsum prāvum ac stultum est! Nōn cōgitās antequam mihi respondēs, Iūlia; itaque prāvē ac stultē respondēs!"

Iūlia, quae lacrimās tenēre vix potest, "Sed nimis difficile est" inquit "id quod interrogor ā tē, Mārce; quamquam multum cōgitō, nōn possum rēctē respondēre."

Mārcus: "Id quod tū ā mē interrogāris multō facilius est quam id quod nōs interrogāmur ā magistrō. Difficile nōn est numerāre omnēs digitōs suōs, et manuum et pedum. Incipe ab ūndecim!"

Iūlia lacrimam dētergēns ab ūndecim numerāre incipit: "Ūndecim, duodecim, trēdecim, quattuordecim . . ." Hīc puella numerāre dēsinit atque "Cēterōs" inquit "numerōs nesciō."

Mārcus: ". . . quīndecim, sēdecim, septendecim, duodēvīgintī, ūndēvīgintī, vīgintī. Decem et decem sunt vīgintī. Tibi sunt vīgintī digitī."

Iūlia frātrem laudat: "Tū bene computās, Mārce."

Mārcus rīdēns "Laetor" inquit "quod ā sorōre meā laudor. Ā magistrō meō semper reprehendor, numquam laudor."

Iūlia: "Vērum nōn dīcis; nam sī bene computās, ā magistrō laudāris, nōn reprehenderis."

Mārcus: "At ab illō magistrō ego numquam laudor. Diodōrus mē laudāre nōn vult, quamquam saepe rēctē respondeō."

Iūlia: "Cūr tē laudāre nōn vult magister?"

Mārcus: "Quia mē malum discipulum esse putat. Ego vērō putō Diodōrum malum esse magistrum!"

Iūlia: "Quid? Nōnne doctus est magister tuus?"

Mārcus: "Nōn dīcō 'eum indoctum esse', nam is multās rēs scit quās nōs discipulī nescīmus; sed malus est magister, quia nihil nōs docēre potest. Cum ille tergum vertit, nōs eum rīdēmus atque aliās rēs agimus — nec enim magister post sē aspicere potest ut Iānus! Et cum ille ē librō suō recitat, nōs simper dormīmus!"

Iūlia: "Vōsne dormītis magistrō recitante?"

Mārcus: "Nōn possumus nōn dormīre, cum magister doctus ē magnō librō recitāre incipit."

Iūlia: "Nōnne ā magistrō excitāminī?"

Mārcus: "Magister recitāns oculōs ā librō suō nōn tollit. Nihil igitur videt praeter librum, nihil audit praeter vōcem suam! Ergō nōs bene dormīmus, nec rūrsus excitāmur antequam is recitāre dēsinit; tum clāmōre magistrī īrātī excitāmur, nec modo verbīs reprehendimur, sed etiam virgā verberāmur!"

Iūlia: "Sī magistrum rīdētis atque in lūdō dormītis, rēctē reprehendiminī et verberāminī, neque enim in lūdō dormīre licet. Ego tē discipulum improbum nōn cōnsōlor, quod tergum tibi dolet, at dēlector lacrimīs tuīs!"

Mārcus: "Putāsne mē lacrimāre? Immō magister mē lacrimantem facere nōn potest, etiam sī mē iterum atque iterum verberat. Ego putō bracchium eius dextrum tam dolēre quam tergum meum!"

COLLOQVIVM DVODEVICESIMVM

Persōnae: Sextus, Mārcus, Titus

Merīdiē discipulī "Valē" inquiunt, "magister!" atque ē lūdō exeunt.

In viā ante lūdum Sextus Mārcum interrogat: "Ubi est is servus quī solet tē hīc exspectāre?"

Mārcus breviter respondet: "Hodiē abest."

Titus: "Ergō necesse est tē ipsum rēs tuās portāre, ut ego et Sextus rēs nostrās ipsī portāmus."

Mārcus: "Cūr vōs semper sōlī in lūdum ītis?"

Titus: "Quia nōs in ipsō oppidō Tūsculō habitāmus, nōn procul ab oppidō, ut tū. Ego gaudeō quod mihi necesse nōn est servum mēcum habēre."

Mārcus: "At ego gaudeō quod mihi necesse nōn est tabulam et librōs portāre."

Sextus: "Id necesse est hodiē."

Mārcus rīdēns "Necesse nōn est" inquit, "sī vōs mēcum venītis ac rēs meās portātis!"

Titus: "Quid? putāsne nōs servōs esse tuōs?"

Sextus: "Mihi nōn licet tēcum venīre, nam domī māter mē exspectat."

Mārcus: "Itane mātrem tuam verēris, Sexte?"

Sextus, quī mātrem suam amat atque verētur ut fīlius probus, nihil ad hoc respondet.

Mārcus: "Certē vōs fīliī probī estis, sī semper rēctā viā ad mammās vestrās redītis!"

inter sē aspiciunt: Titus Sextum aspicit et Sextus Titum

Titus et Sextus inter sē aspiciunt. Paulō post trēs puerī simul per portam ex oppidō ēgrediuntur, Mārcus autem ipse librum et tabulam suam portat.

Dum puerī in viā ambulant, Sextus Mārcō "Ubi est" inquit "is servus quem dīcis hodiē abesse?"

Mārcus: "Putō Mēdum esse Rōmae, nam sciō puellam Rōmānam ab eō amārī. Mēdus dīcit 'amīcam suam esse fēminam pulcherrimam'."

Titus: "Omnēs virī id dīcere solent. Nōnne pater tuus dīcit 'fēminam pulcherrimam esse mātrem tuam'?"

Mārcus: "Saepe ita dīcit pater — et vērē dīcit. Itaque mātrī ōrnāmenta et vestīmenta pulchra largītur. Māter mea gemmīs et margarītīs clārissimīs ōrnātur."

Sextus: "Pater meus dīcit 'mātrem meam etiam sine ōrnāmentīs fēminam esse pulcherrimam'."

Mārcus: "Quārē id dīcit pater tuus? Ita mātrem tuam cōnsōlātur, quod nūlla eī dat ōrnāmenta."

Sextus: "Necesse nōn est fēminam fōrmōsam gemmīs et margarītīs ōrnārī."

Mārcus rīdēns "Ergō" inquit "necesse est mātrem tuam ita ōrnārī!"

Ad haec verba Sextus īrātus exclāmat: "Quid? Tūne dīcis 'mātrem meam fēminam turpem esse'?" simulque ōs Mārcī pugnō pulsat! Mārcus perterritus sē dēfendere cōnātur, sed Sextus corpus eius complectitur eumque ad terram iacit. Antequam Mārcus rūrsus surgere potest, Sextus, quī puer gravior est, super pectus eius cōnsīdit.

Sextus pugnum ante oculōs Mārcī tenēns "Dīc" inquit "'fēminam pulchriōrem esse mātrem meam quam tuam'!"

Mārcus: "Fēmina pulchrior est māter mea quam tua!"
Sextus īrātus "Prāvē dīcis" inquit, ac puerum iacentem pulsat.
Mārcus: "Quid mē pulsās? Dīcō id quod mē iubēs."
Sextus: "Iubeō tē 'mātrem *meam* pulchriōrem esse' dīcere."
Mārcus: "Atque ego id ipsum 'mātrem *meam* pulchriōrem esse' dīcō."
Sextus: "Nōn 'meam', sed 'tuam' dīcere oportet."
Mārcus: "Tuam."
Sextus: "Dīc tōtam sententiam: 'Māter tua pulchrior est quam mea'."
Mārcus: "Iam ipse dīcis 'mātrem meam pulchriōrem esse'!"
Sextus: "Id nōn dīcō, sed tē ita dīcere iubeō."
Mārcus: "Cūr igitur mē pulsās, cum id dīcō?"
Sextus: "Quia prāvē dīcis. Iam dīc rēctē!"
Mārcus: "Rēctē!"
Sextus: "Etiamne mē rīdēre audēs? Iam satis est. Hoc accipe!" Ita dīcēns Sextus nāsum Mārcī pugnō pulsat.
Mārcus perterritus Titum vocat: "Tite! Tite! Dēfende mē ab hōc puerō barbarō!"

Statim Titus, quī sanguinem dē nāsō Mārcī fluere videt, Sextum ā tergō oppugnat. Sextus, quamquam puer fortis est, simul contrā duōs puerōs pugnāre nōn potest: iam is in viā dūrā iacet sub Titō et Mārcō, quī eum semel atque iterum pugnīs pulsant. Sextus sē locō movēre nōn potest, quod duo puerī super corpus eius sedent alter bracchia, alter crūra tenēns.

Tum Sextus "Aspicite caelum!" inquit, "Ecce nūbēs ātrae. Nōnne tempestātem ac fulgura verēminī?"

Eōdem tempore caelum magnō fulgure illūstrātor atque imber cadere incipit. Titus et Mārcus, quī fulgura ac tonitrum verentur, statim surgunt et Sextum in viā iacentem relinquunt. Titus librum tabulamque suam tollit et rēctā viā ad oppidum currit.

Item Mārcus rēs suās tollit atque abīre vult, cum tabulam Sextī in mollī herbā apud viam iacēre videt. Quid tum facit Mārcus? Tabulam Sextī capit tabulamque suam in locō eius pōnit. Deinde sōlus per imbrem ambulat ad vīllam.

Postrēmō surgit Sextus. Vestīmenta eius sordida sunt, sanguis dē nāsō fluit, deest ūnus ē dentibus priōribus. Antequam ad oppidum īre incipit, tabulam in herbā iacentem tollit. Sextus, quī eam putat tabulam suam esse, Tūsculum ad mātrem redit.

COLLOQVIVM VNDEVICESIMVM

Persōnae: Fabia, Cornēlius

Cornēlius iam domī est apud Fabiam uxōrem, quae marītum adesse gaudet. Post merīdiem marītus et uxor in ātriō Sextum, fīlium suum, exspectant.

Fabia: "Ō, quam sōla hīc eram sine tē, mī Cornēlī! Sed iam gaudeō tē mēcum esse."

Cornēlius: "Ego nōn minus gaudeō mē esse domī apud tē, uxōrem meam amantissimam. In urbe Rōmā male mē habeō, sed Tūsculī semper dēlector domō meā pulcherrimā. . . ."

Fabia: "Num domō tuā plūs dēlectāris quam uxōre tuā?"

Cornēlius: "Scīs nihil ā mē plūs amārī quam tē, mea Fabia. Hāc domō dēlector et quia ipsa per sē pulchra est et quia hīc uxōrem meam pulcherrimam aspiciō."

Fabia: "Mē quoque dēlectat domus nostra, quamquam minor est quam aliae domūs nec signīs deōrum ōrnātur."

Cornēlius: "Sciō multās domōs Tūsculānās et māiōrēs et meliōrēs esse quam nostram atque columnīs et signīs pulchriōribus ōrnārī, nec tamen haec domus mihi vidētur minus pulchra esse. Domūs hominum dīvitum signīs deārum magnificīs ōrnantur — domus mea fēminā ōrnātur optimā et pulcherrimā!"

rēs pulchra (esse) mihi vidētur = rem pulchram esse putō

Fabia: "Verbīs magnificīs scīs tū laudāre et uxōrem et domum tuam, Cornēlī. Mihi quoque haec domus pulchra vidētur, nec ūllum peristȳlum flōribus pulchriōribus ōrnātur quam nostrum; sed hoc ātrium nimis obscūrum est."

Cornēlius: "Cum sōl lūcet, ātrium nostrum satis clārum est. Iam vērō caelum nūbibus ātrīs operītur, itaque obscūrum est ātrium."

Fabia caelum obscūrum aspicit et "Rēctē dīcis" inquit, "Sed, nesciō quōmodo, merīdiē prope tam obscūrum est quam vesperī."

Cornēlius: "Nōn merīdiēs, sed hōra septima est."

Fabia: "Iamne hōra septima est? Ubi igitur est Sextus? Nōn multō post merīdiem ē lūdō redīre solet. Quid eum in viā agere putās?"

Cornēlius: "Nesciō. Sunt puerī puerī. . . ."

Fabia: "At Sextus semper rēctā viā domum redit."

Cornēlius: "Sī improbī sunt discipulī, ūsque ad hōram septimam in lūdō tenentur ā magistrō."

Fabia: "Sextus nōn est discipulus improbus. Praetereā ille lūdī magister pigerrimus numquam discipulōs suōs post merīdiem tenet: hōrā sextā omnēs domum remittit, neque eōs post merīdiem revenīre iubet — ut aliī magistrī."

domum = ad domum

Cornēlius: "Ego nōn putō pigrum esse magistrum Sextī. Certē nōn optimus est magister, sed tamen melior est quam tū putās. Nōnne fīlium nostrum bene legere, scrībere, computāre docet?"

Fabia: "Sextus discipulus industrius ac prūdēns est, ut scīs; ergō bene discit, quamquam male docētur ā magistrō pigrō atque stultō!"

Cornēlius: "Ita sunt mātrēs discipulōrum: sī fīliī eārum male discunt, magistrum accūsant 'eum'que 'male docēre' dīcunt; sī autem bene discunt fīliī, nōn magistrum, sed discipulōs laudant."

Fabia: "Nōnne licet mihi laudāre Sextum? An putās tuum Sextum malum esse discipulum?"

Cornēlius: "Id nōn dīcō. Sciō Sextum bonum discipulum esse, nec vērō Diodōrum malum esse magistrum putō."

Fabia: "Cūr igitur aliī parentēs fīliōs suōs ad aliōs magistrōs mittunt?"

Cornēlius: "Nōn omnēs id faciunt. Fīliī Iūliī ab eōdem magistrō docentur ac fīlius noster."

Fabia: "Sciō Diodōrum adhūc quattuor discipulōs habēre, quōrum duo sunt fīliī Iūliī; sed ante paucōs mēnsēs octō discipulōs habēbat. Iamne intellegis malum esse magistrum, quī ā discipulīs suīs relinquitur?"

Cornēlius: "Certē nōn pēior lūdī magister est Diodōrus quam ille quī mē Rōmae docēbat."

Fabia: "Neque Sextus, ut ego putō, pēior discipulus est quam tū apud magistrum tuum erās."

Cornēlius: "Ergō optimus discipulus est Sextus!"

Fabia: "Hīs verbīs nōn modo Sextum, sed etiam tē ipsum laudās, Cornēlī."

Cornēlius: "Ego ipse nōn plūs mē laudō quam magister meus mē laudābat: semper enim dīcēbat 'optimum mē esse discipulum'."

Fabia: "Itane dīcēbat magister tuus?"

Cornēlius: "Ita, atque vērē dīcēbat; nam cēterī discipulī omnēs pēiōrēs erant: male computābant, male scrībēbant, male recitābant, quia cotīdiē in lūdō dormiēbant nec magistrō pārēbant — ego sōlus bene computābam, bene scrībēbam, bene recitābam, quia numquam in lūdō dormiēbam, sed omnia verba magistrī audiēbam et semper eī pārēbam!"

Fabia: "Sī hoc vērum est, tū certē optimus erās omnium discipulōrum!"

Cornēlius: "Rēctē dīcis, Fabia: ego optimus discipulus eram!"

Fabia: "Tacē, Cornēlī! Nōn oportet sē ipsum ita laudāre. Num vērē eōdem modō ā magistrō tuō laudābāris?"

Cornēlius: "Iīs ipsīs verbīs laudābar ā magistrō meō. Sed iam taceō. Hoc tantum addō: Cum ita mē laudō, simul laudō magistrum meum; ego enim bonus discipulus eram et bene discēbam, quod ab optimō magistrō docēbar."

Fabia: "Cūr cēterī discipulī tam male docēbantur ab illō magistrō optimō?"

Cornēlius: "Nōn male docēbantur, sed tamen male discēbant, quia ipsī tam pigrī erant quam fīlius Iūliī."

Fabia: "Utrum fīlium dīcis, māiōremne an minōrem?"

Cornēlius: "Fīlium eius māiōrem dīcō, eum cui praenōmen est Mārcus."

Fabia: "Rēctē dīcis, Cornēlī. Is enim discipulus omnium pigerrimus est atque tam stultus quam puer barbarus!"

Cornēlius: "Nimis sevēra es, Fabia. Discipulum pigrum esse Mārcum sciō — Iūlius ipse id dīcit —, nec tamen putō eum stultiōrem esse quam cēterōs discipulōs."

Fabia: "Ergō Mārcus, putō, tam prūdēns est discipulus quam Sextus noster! Nōnne tibi satis est laudāre malum magistrum — etiamne discipulum eius pessimum laudāre audēs? Verbis tuīs laudantibus omnēs rēs in contrāriam partem vertis!"

Tum Cornēlius rīdēns "Id nōn dīcis" inquit "cum pulchritūdinem tuam laudō!" — sed eō ipsō tempore ātrium illūstrātur clārissimō fulgure atque māximus tonitrus audītur. Verba Cornēliī propter tonitrum ā Fabiā nōn audiuntur.

COLLOQVIVM VICESIMVM

Persōnae: Diodōrus, Tlēpolemus, Symmachus

Diodōrus, lūdī magister, quī laetātur discipulōs improbōs iam abesse, suum Tlēpolemum servum vocat.

Tlēpolemus intrāns silentium dominī animadvertit eumque interrogat: "Valēsne, domine?"

Diodōrus: "Nōn rēctē valeō, Tlēpoleme. Fessus sum. Caput dolet — et bracchium dextrum."

Tlēpolemus: "Cūr medicum nōn adīs?"

Diodōrus: "Medicus stultus est. Ipse melius mē sānāre possum. Prīmum ēsse et bibere volō, tum dormīre. Affer mihi cibum!"

Exit Tlēpolemus. Paulō post pānem et duōs piscēs et pōculum aquae plēnum dominō affert.

Diodōrus aquam vidēns "Quid?" inquit, "Aquamne mihi affers?"

Tlēpolemus: "Merīdiē aquam bibere oportet."

Diodōrus: "Servōs oportet aquam bibere. Ego nōn aquam, sed vīnum bibere volō."

vīnum -ī *n*

Tlēpolemus: "Sine pecūniā vīnum tibi emere nōn possum, nec tū mihi ūllam pecūniam dās."

Diodōrus sacculum nummōrum plēnum servō ostendit atque "Hodiē" inquit "nummōs habeō. Nescīsne kalendās Iūniās esse hodiē? Kalendīs mercēdem accipiō ā discipulīs. Iam bonum vīnum emere possum."

Tlēpolemus: "Ego ad tabernam ībō vīnumque tibi emam."
Diodōrus: "Bene faciēs. Ecce pecūnia." Magister servō suō dēnārium dat.
Servus ad ōstium versus gradum facit, cum Diodōrus "Manē!" inquit, "Nōlī abīre! Ipse ad tabernam ībō."

vīs-ne *mē* tē-cum venī*re?* (: iubēs-ne mē . . . v.?)
volō *tē* . . . man*ēre* (: iubeō tē . . . m.)

Tlēpolemus: "Vīsne mē tēcum venīre? Ego vīnum feram."
Diodōrus: "Volō tē hīc manēre. Vīnum ē tabernā nōn feram, sed illīc bibam. Redde mihi nummum!"
Servus dominō dēnārium reddēns "Paulum bibe!" inquit, "Cūrā corpus tuum!"
"Tū officium tuum cūrā!" inquit Diodōrus, "Nōn medicus, sed servus meus es."
Tlēpolemus: "Quid vīs mē facere?"
Magister epistulam prōmit atque "Hanc epistulam" inquit "volō tē ad Lūcium Iūlium Balbum ferre."
Tlēpolemus: "Ubi habitat ille?"
"Aspice per hanc fenestram!" inquit Diodōrus, "Vidēsne illum montem?"
Tlēpolemus per fenestram apertam montem Albānum aspicit. Inter Tūsculum et montem Albānum parva vallis interest.
"Videō" inquit Tlēpolemus, "Est mōns Albānus."

angustus -a -um ↔ lātus

Diodōrus: "Vīlla Iūliī sub illō monte sita est, nec vērō ab hōc locō cernī potest; sed ecce via angusta quae ad vīllam fert. Age, discēde!"
Tlēpolemus: "Quid est in epistulā?"

facere
imp fac! facite!

Diodōrus: "Nihil ad tē, serve! Modo fac officium tuum! Valē!"
Tlēpolemus discēdit epistulam magistrī ferēns.

Sōlus Diodōrus pānem et piscēs ēst atque paulum aquae bibit. Hodiē autem, quamquam fessus est, post cibum nōn dormit, sed statim domō exit. Magister viam angustam intrat, ubi

tabernam obscūram adit. Ea taberna plena est hominum bibentium quī inter sē colloquuntur, aliī clāmant rīdentque, aliī canunt. Iam Diodōrus quoque ē magnō pōculō vīnum bibit, dum colloquitur cum amīcīs.

“Salvē, lūdī magister!” inquit ūnus ē bibentibus.

Diodōrus pōculum tollēns “Et tū salvē, Symmache!” inquit.

Symmachus: “Quid agis? puerōs nōn docēs?”

Diodōrus: “Quid tū, medice? aegrōs nōn cūrās?”

Symmachus: “Hōc annī tempore paucī sunt aegrī.”

Diodōrus: “Mihi sunt paucī discipulī — quōs merīdiē domum remittō, neque eōs post merīdiem revenīre iubeō. Sex hōrās puerōs docēre satis est mihi! Nunc vērō vīnum bibere volō.”

Symmachus: “Merīdiē nōn vīnum, sed aquam bibere oportet.”

Diodōrus: “Cūr nōn lac bibere mē iubēs, medice, ut parvulum īnfantem?”

Symmachus: “Sī vīs sānus vīvere, paulum vīnī bibe! Cūrā corpus tuum!”

Diodōrus: “Semper mē paulum bibere iubēs, sed ipse plūra pōcula bibis quam ego.”

Symmachus: “Ego rēctē valeō, nec plūs bibō quam opus est. Tē autem male valēre videō, Diodōre, ac medicus tuus sum.”

Diodōrus: “Ego satis bene valeō, quamquam fessus sum atque caput mihi dolet.”

sanguinem mittere = vēnam aperīre

Symmachus: "Ergō sanguis tibi superest. Vīsne me sanguinem mittere tibi?"

Diodōrus: "Nōlō profectō! Iam satis dolet bracchium. Eō modō mē sānāre nōn potes."

Symmachus: "Mēne malum esse medicum putās?"

Diodōrus: "Immō optimum tē esse medicum putō. Sed hoc quod mē fessum ac dolentem facit nūllus medicus potest sānāre."

Symmachus: "Quid est hoc quod ā nūllō medicō sānārī potest?"

Diodōrus: "Quod ego malus sum magister! Discipulī meī male discunt nec mihi pārent . . ."

Symmachus: "Atque ego optimum tē esse magistrum putābam."

Diodōrus: "Parentēs id nōn putant, neque igitur līberōs suōs ad mē mittere volunt."

Symmachus: "Quot discipulī sunt tibi?"

Diodōrus: "Adhūc quattuor; sed mox iī quoque mē relinquent."

Symmachus: "Cūr hoc metuis?"

Diodōrus: "Quia Iūlius, pater duōrum discipulōrum, mox epistulam leget in quā scrībō 'discipulum improbum ac pigrum esse eius fīlium māiōrem' — id quod vērum est!"

Symmachus: "Etiam sī vērum est, necesse nōn erat tē id scrībere. Certē Iūlius nōn minus īrātus erit tibi, quod tū fīlium eius māiōrem nihil docēre potes, quam mihi iam est, quia ego nōn possum sānāre fīlium eius minōrem."

Diodōrus: "Nesciēbam tē eius familiae medicum esse. Sed cūr fīlium Iūliī sānāre nōn potes?"

Symmachus: "Profectō possum. Puer pede tantum aeger est, atque etiam sine medicō mox sānus erit. Neque igitur, ut nunc putō, necesse erat sanguinem eī mittere. Iūlius dīcit 'fīlium suum propter medicum iam nōn sōlum pede, sed etiam bracchiō aegrum esse, atque mē esse malum medicum!'"

Diodōrus: "Nōlī id cūrāre, Symmache!"

Symmachus: “Facile est hoc dīcere, sed Iūlius mē rūrsus arcessere nōn vult nec mihi mercēdem meam dare.”

Diodōrus: “Īdem Iūlius iam dīcet ‘mē esse lūdī magistrum pessimum’, neque mihi ex hōc diē mercēdem dabit. Sed ego id nōn cūrō. Iam nōlō puerōs docēre. Lūdum meum claudam. Dum discipulōs pigrōs litterās et numerōs docēre cōnor, nūllum mihi tempus vacuum est ad librōs meōs.”

Symmachus: “At quōmodo tū vīvēs sine mercēde?”

Diodōrus: “Ego neque uxōrem neque līberōs habeō. Paulum mihi satis est. Omnēs rēs meās vēndam praeter librōs: etiam sī nihil aliud possidēbō, parvō bene vīvere poterō.”

parvum -ī *n* = paulum

Symmachus: “Etiamne vīnō carēbis?”

Diodōrus: “Sī necesse erit, aquam bibam — dum bonōs librōs legam.”

Symmachus: “Quōs tū ‘bonōs librōs’ dīcis?”

Diodōrus: “Multōs ‘bonōs librōs’ dīcere possum, sed in prīmīs librōs Platōnis, in quibus Sōcratem cum amīcīs colloquentem facit. Semper dēlector cum legō sermōnēs illōs clārissimōs, quamquam multa sunt in iīs quae ego nōn bene intellegō; neque Aristotelēs, discipulus Platōnis doctissimus, facilior esse mihi vidētur. Iam vērō Epicūrī librōs legere incipiam.”

in prīmīs = ante aliōs omnēs
Platō -ōnis *m*
Sōcratēs -is *m*
Aristotelēs -is *m*
Epicūrus -ī *m*

Symmachus: “Quis est Epicūrus?”

Diodōrus: “Epicūrus est philosophus Graecus, ut Sōcratēs et Platō et Aristotelēs.”

philosophus -ī *m*

Symmachus: “Ego numquam philosophum audiō aut legō. Cūr tū philosophōs Graecōs ita dīligis?”

Diodōrus: “Quia philosophī nōs rēctē beātēque vīvere docent. Nōlī putāre, Symmache, hominī satis esse corpus cūrāre: etiam mentem cūrāre opus est, neque id fierī potest sine librīs philosophōrum. Is sōlus beātus esse mihi vidētur cui nōn modo corpus sānum est, sed etiam mēns sāna in corpore sānō.”

mēns mentis *f* ↔ corpus

Symmachus: "Ego beātē vīvō ac mentem sānam habeō, quamquam philosophōs nōn legō neque deōs vereor."

Diodōrus: "Epicūrus docet deōs rēs hūmānās nōn cūrāre."

Symmachus: "Ego putō nūllōs esse deōs. Tūne Iovem cēterōsque deōs verēris?"

Diodōrus. "Nōn vereor eōs, ut mē docet Epicūrus. Sed, nesciō quōmodo, multās rēs videō quae incertum mē faciunt. Sī nūllus est deus, quōmodo sōl et stēllae movērī possunt? unde oriuntur ventī et imbrēs? quis fulgura tonitrūsque efficit?"

Symmachus: "Interrogā Epicūrum, magistrum tuum!"

Diodōrus: "Sī Epicūrum rēctē intellegō, 'haec omnia per sē fierī' dīcit. Praetereā dīcit, ut ante eum Dēmocritus, 'omnem rem, omnem māteriam efficī ex partibus minimīs, quae semper moventur.' Eae particulae minimae, quae dīvidī nōn possunt, Graecē appellantur 'atomī'."

particula = parva pars
atomus -ī *f*

Symmachus pōculum tollēns "Quid?" inquit, "Etiamne hoc pōculum ex minimīs particulīs cōnstāre putās? Cum tam stultē loqueris, nōn putō mentem tibi sānam esse!"

cōnstāre ex = efficī ex

Diodōrus: "Adhūc incertus sum, sed iam plūra dē nātūrā rērum legam apud Epicūrum et apud Lucrētium."

nātūra -ae *f*
Lucrētius -ī *m*

Symmachus: "Quis est Lucrētius?"

Diodōrus: "Est discipulus Epicūrī Rōmānus. Sex librōs eius possideō quibus titulus est *Dē rērum nātūrā.*"

Hīc Symmachus pōculum exhauriēns "Bene valē" inquit, "discipule Epicūrī!" Sed eō ipsō tempore fulgur clārissimum tabernam obscūram illūstrat, sequente tonitrū māximō.

ex-haurīre ↔ implēre

"Iuppiter Optime Māxime!" exclāmat medicus perterritus, dum pōculum eī ē manū lābitur.

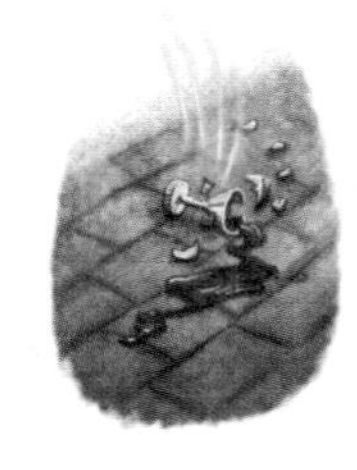

Diodōrus rīdēns "Vidēsne" inquit "pōculum tuum cōnstāre ex particulīs minimīs?"

COLLOQVIVM VNVM ET VICESIMVM

Persōnae: Diodōrus, Symmachus, Sextus

Viae oppidī, quae paulō ante plēnae erant hominum, iam propter tonitrum atque imbrem vacuae sunt. Hominēs enim fulgura tonitrumque metuunt neque per imbrem ambulāre volunt. Diodōrus quoque cum amīcō suō Symmachō sub tēctō manet. Iterum atque iterum taberna obscūra fulgure clārissimō illūstrātur. Inter tonitrūs amīcī colloquī ac vīnum bibere pergunt. Medicus iam novum pōculum vīnī plēnum tenet.

Diodōrus autem pōculum vacuum in mēnsā pōnit et "Tempus iam est" inquit "domum mē redīre. Post merīdiem hōram dormīre soleō."

Symmachus: "Per hunc tonitrum dormīre nōn potes. Manē sub tēctō atque alterum pōculum bibe mēcum!"

Diodōrus: "Num melius est bibere quam dormīre?"

Symmachus: "Certē vīnum bibere melius est quam per imbrem frīgidum ambulāre. Ecce vacuae sunt viae. Nēmō per hunc imbrem inter tot fulgura ambulāre audet."

Diodōrus alterum pōculum vīnī poscit. Tum viam aspiciēns puerum sōlum ambulantem videt atque "Vidēsne" inquit "parvum puerum quī nec fulgura nec imbrem metuit?"

Symmachus puerum vocat: "Heus, puer! Venī sub tēctum! Nōlī per imbrem frīgidum ambulāre!"

heus! : audi!
sub + *abl/acc:*
manē sub tēct*ō*
venī sub tēct*um*

Ad vōcem Symmachī puer sē vertit et tabernam adit. Nōn sōlum ūmida, sed etiam sordida sunt vestīmenta eius, atque faciēs cruōre et sordibus operītur. Itaque Diodōrus nōn cognōscit discipulum suum Sextum, neque Sextus in tabernā obscūrā magistrum suum cognōscit.

Symmachus puerum sordidum spectāns exclāmat: "Ō, quam sordidus es, puer! Unde venīs et quō īs?"

Sextus respondet: "Ē lūdō veniō et domum eō."

At Symmachus "Nōn rēctā viā" inquit "ē lūdō venīs."

Hīc taberna novō fulgure illūstrātur. Symmachus cruōrem in faciē puerī cōnspiciēns "Quid?" inquit, "unde est cruor ille? Num magister lūdī ōs tuum ita pulsāvit?"

Simul Sextus magistrum suum inter hominēs bibentēs cognōscit et "Salvē" inquit, "magister!"

Symmachus Diodōrō "Tūne" inquit "eius puerī es magister?"

"Ita sum" inquit Diodōrus, "Iam discipulum meum cognōscō. Sextus est discipulus meus optimus."

Ad hoc Symmachus "At tū" inquit "magister es sevērissimus, sī discipulum tuum optimum pugnō pulsāvistī!"

Diodōrus: "Ego nōn pulsāvī eum."

Symmachus: "Sed ecce cruor in faciē puerī. Aliquis ōs et nāsum eius pulsāvit. Quis tē pulsāvit, puer?"

Tacente Sextō, Diodōrus "Certē" inquit "is cum aliīs puerīs pugnāvit et ab iīs pulsātus est."

Symmachus: "Nōn magistrum, sed discipulum interrogāvī. Tū respondē, Sexte: ā quō pulsātus es?"

Sextus: "Ā Mārcō pulsātus sum. Sed ego ipse Mārcum pulsāvī."

Diodōrus: "Cūr tū Mārcum pulsāvistī?"

Sextus: "Quia puer improbus est. Prīmum dīxit 'mātrem meam turpem esse', deinde mē 'puerum barbarum' appellāvit! Itaque eum pulsāvī!"

Diodōrus: "Profectō nōn sine causā Mārcum pulsāvistī. Ego tē nōn reprehendō. Sed quid tū ipse ab eō pulsātus es? Nōn putō Mārcum tam validum esse quam tē."
Sextus: "Nōn ā Mārcō sōlō, sed ā Mārcō et Titō pulsātus sum. Duo puerī mē ūnum pulsāvērunt!"
Diodōrus: "Ubi pugnāvistis?"
Sextus: "Pugnāvimus in viā nōn procul ā portā."
Symmachus: "Cūr tam sordida est vestis tua?"
Sextus: "Quia humī iacuī. Sed vestis Mārcī tam sordida est quam mea: is quoque humī iacuit . . ." Sīc Sextus dē pugnā puerōrum nārrāre pergit.

Symmachus, postquam omnia audīvit, "Iam satis nōbīs nārrāvistī" inquit "dē pugnā vestrā. Ostende mihi tabulam tuam! Magister iam dīxit 'tē esse discipulum optimum'."
Sextus medicō tabulam ostendit, in quā litterae scrīptae sunt.
Symmachus litterās legere cōnātur et "Hās litterās foedās" inquit "vix legere possum."
Diodōrus: "Quid ais? Nōnne pulchrae tibi videntur litterae Sextī? Ego illās litterās laudāvī: dīxī 'Sextum et pulchrē et rēctē scrīpsisse'."
Symmachus: "Tūne hās litterās foedās laudāvistī? Neque sōlum foedē, sed etiam prāvē scrīpsit discipulus tuus optimus! Itane tū eum scrībere docuistī?"
"Ego Sextum pulchrē et rēctē scrībere docuī" inquit Diodōrus, "Dā mihi tabulam!" Et, postquam tabulam in manūs sūmpsit: "Quid hoc est? Tūne hās litterās scrīpsistī?"
Sextus: "Quārē id mē interrogās, magister? Certē ego litterās scrīpsī, atque tū eās laudāvistī: dīxistī 'mē pulcherrimē et rēctissimē scrīpsisse'."
Diodōrus: "Hae litterae foedissimae ā tē scrīptae nōn sunt.

ferre:
ferō ferimus
fers fertis
fert ferunt

Nōn tua, sed Mārcī est haec tabula. Cūr tū tabulam Mārcī tēcum fers? Vōsne tabulās mūtāvistis?"

Sextus: "Nesciēbam mē tabulam aliēnam ferre. Sed iam intellegō Mārcum tabulās mūtāvisse. Eum putō meam tabellam sūmpsisse."

Symmachus: "Cūr Mārcus tabellās mūtāvit?"

Diodōrus: "Stultē interrogās, medice. Mārcus patrī suō tabellam Sextī ostendet atque dīcet 'sē eās litterās pulchrās scrīpsisse'."

Symmachus: "Et simul Sextus patrī suō hanc tabellam ostendet atque dīcet 'Mārcum hās litterās foedās scrīpsisse'."

Diodōrus: "Rēctē dīcis. Sed neque Iūlius, pater Mārcī, neque Cornēlius, pater Sextī, fīliō suō crēdet. Iam nōn sōlum Iūlius, sed etiam Cornēlius dīcet 'mē esse pessimum magistrum'!"

Sextus: "Meus pater mihi crēdet: scit enim mē nōn mentīrī. Ego semper vērum dīcō ac parentibus meīs pāreō."

Symmachus: "Sī id vērum est, profectō nōn sōlum bonus discipulus es, sed etiam bonus fīlius."

Diodōrus: "Bonus fīlius semper rēctā viā ē lūdō domum redīre dēbet."

Sextus: "Ego rēctā viā redīre soleō. Hodiē vērō Mārcus rīdēns dīxit 'mē, ut fīliolum probum, semper rēctā viā ad mammam meam redīre!' Ita Mārcus mē sēcum dūxit."

*dūc*ere
*dūx*isse
dū*x*- < du*cs*-

Symmachus: "Ergō nōn parentibus, sed Mārcō pāruistī hodiē."

Sextus: "Est ut dīcis: Mārcō pāruī — sed paulō post pulsāvī eum! Iam rēctā viā domum ībō ac parentibus meīs nārrābō hoc quod vērum est: 'Mārcum mātrem meam fēminam turpem et mē puerum barbarum appellāvisse!' Tum māter nōn mihi, sed Mārcō īrāta erit, atque gaudēbit puerum illum improbum ā mē pulsātum esse!"

Hoc dīcēns Sextus ex tabernā exit et domum īre pergit.

COLLOQVIVM ALTERVM ET VICESIMVM

Persōnae: Dōrippa, Sanniō, Albīnus

Sōla in cubiculō suō Dōrippa forem clausam aspicit, tum ad fenestram apertam accēdit, unde Tiberim flūmen spectat et pontem Fabricium, quī dūcit ad parvam īnsulam in mediō flūmine sitam.

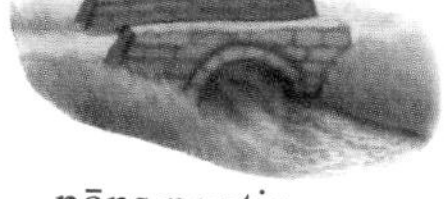

pōns pontis *m*

Dōrippa sīc loquitur sēcum: "Quid iam hīc exspectō? Ab omnibus amīcīs relinquor. Quārē maneō in hāc urbe, ubi nēmō mihi est amīcus?" Tum oculōs terget atque ē cubiculō exit.

Iānitor, cui nōmen est Sanniō, Dōrippam ēgredientem interrogat: "Quō īs, Dōrippa?"

Sanniō -ōnis *m*

Dōrippa intrā līmen resistēns "Ad forum eō" inquit, "Nōlō sōla manēre in hāc domō. Sī Lepidus revenit, nōlī admittere eum!"

Iānitor faciem Dōrippae trīstem aspiciēns "Numquam" inquit "tē trīstiōrem vīdī. Quid tibi est?"

*vidē*re
*vīd*isse

Dōrippa: "Nūlla fēmina mē miserior vīvit, Sanniō. Melius est mē mortuam esse quam sine amīcīs in hāc urbe vīvere!"

mē *(abl)* miserior = miserior quam ego

Sanniō: "Quid ais: 'sine amīcīs'? Nūper nōn modo Lepidus amīcus, sed etiam Lȳdia amīca tua hīc fuērunt. Ipse vīdī Lepidum flōrēs tibi afferre."

Dōrippa flōrēs extrā līmen iacentēs iānitōrī mōnstrat et "Ecce" inquit "flōrēs Lepidī in viā. Nōlō flōrēs accipere ab illō virō

*da*re
*ded*isse

improbō. Nec hunc ānulum, quern ille mihi dedit, iam gerere volō." Dōrippa Sanniōnī magnum ānulum aureum ostendit.

"Ō, quam magnificum dōnum!" inquit Sanniō, "Tantum ānulum aureum numquam anteā mē vīdisse arbitror. Profectō vir dīvitissimus est amīcus tuus."

Dōrippa: "In flūmen eum iaciam!"

Sanniō: "Ain' tū? Lepidumne in flūmen iaciēs?"

Dōrippa: "Nōn Lepidum scīlicet, sed ānulum eius iaciam in Tiberim!"

Sanniō: "Nōlī stultē agere, Dōrippa, moneō tē! Tantus ānulus aureus magnī pretiī est. Quīn vēndis eum? Certē Albīnus, quī tabernam habet prope forum Rōmānum, magnum pretium dabit tibi."

At Dōrippa "Dōnum vēndere" inquit "nōn decet. Nec pecūnia mē miseram cōnsōlārī potest. Ego nōn modo hunc ānulum, sed etiam mē ipsam in Tiberim iacere volō! Valē, Sanniō!"

"Manē, Dōrippa! Sāna nōn es" inquit iānitor, nec vērō puellam miseram retinēre potest. Dōrippa rēctā viā ad Tiberim flūmen it ac statim pontem Fabricium intrat. In mediō ponte cōnsistit atque aquam spectat sub ponte fluentem. In speculō aquae videt imāginem suam. Puella tremēns atque horrēns oculōs claudit, deinde sē vertit ac pontem relinquit.

Quō it Dōrippa? Ad forum versus it. In viā quae ad forum dūcit Albīnum clāmāre audit: "Ōrnāmenta! Emite ōrnāmenta!"

Dōrippa ad tabernam accēdit.

"Salvē, Dōrippa!" inquit Albīnus, "Vīsne ōrnāmentum?"

Dōrippa: "Nōlō ōrnāmentum emere, sed hunc ānulum aureum vēndere volō. Quantum pretium mihi dabis?"

Albīnus, postquam ānulum in manūs sūmpsit, "Nōn magnī pretiī" inquit "est iste ānulus."

Dōrippa: "Quantum dabis?"
Albīnus: "Octō sēstertiōs."
Dōrippa: "Mē dērīdēs! Putāsne mē tantum atque tam pulchrum ānulum aureum octō sēstertiīs vēndere. Nōn sum ego tam stulta!"
"Iste ānulus nōn est aureus" inquit Albīnus, "Audī!" et ānulum in mēnsam iacit.
Ānulus tinnit: "Tintintin . . ."
Dōrippa: "Ānulum tinnīre audiō. Quid igitur?"
Albīnus: "Nōn ut aurum, sed ut ferrum tinnit iste ānulus: est ānulus ferreus aurō opertus. Nunc vērō audī ānulum aureum!" Albīnus ānulum aureum prōmit eumque iacit in mēnsam.

operīre
*operu*isse
*opert*um esse

Dōrippa: "Certē nōn eōdem modō tinniunt ānulī."
Albīnus: "Neque eiusdem pretiī sunt. Hic ānulus ex aurō pūrō factus est, ānulus tuus ex ferrō, quod tenuī aurō operītur. Bene factus est ānulus tuus, nec tamen mē fallere potes."
Dōrippa: "Nōlō ego tē fallere, Albīne. Iam vērō intellegō Lepidum, quī ānulum ferreum mihi dedit, falsum amīcum esse. Quantī est ānulus aureus?"

quantī est? = quantī pretiī est?

Albīnus Dōrippae ānulum aureum gemmātum ostendit et "Hic ānulus" inquit "centum sēstertiīs cōnstat. Tālem ānulum habet amīca tua Lȳdia."

posse
*potu*isse

Dōrippa: "Quōmodo Lȳdia tantō pretiō ānulum emere potuit?"
Albīnus: "Ipsa tantam pecūniam nōn habet, sed nūper ad tabernam meam vēnit cum amīcō pecūniōsō, quī nummīs numerātīs ānulum aureum gemmātum ēmit et Lȳdiae dedit."

vēndere
*vēndid*isse

Dōrippa: "Facile erat amīcum Lȳdiae fallere. Cūr nōn ānulum ferreum eī vēndidistī?"
Albīnus: "Ego ānulōs ferreōs neque emō neque vēndō."
Dōrippa ānulum suum capit et iterum ad Tiberim flūmen abit.

COLLOQVIVM VICESIMVM TERTIVM

Persōnae: Iānitor, Tlēpolemus, Dāvus

In vīllā Iūliī Tlēpolemus, postquam epistulam iānitōrī trādidit intrā forēs respōnsum Iūliī exspectat. Canis īrātus dentēs ostendit ac fremit. Tabellārius vērō canem vīnctum nōn timet

Paulō post redit iānitor. "Epistulam" inquit "dominō trādidī; ill mē dīmīsit sine respōnsō. Necesse est tē respōnsum opperīrī.

dī-*mitt*ere
dī-*mīs*isse
dī-*miss*um esse

Tlēpolemus: "Sed erō meō prōmīsī 'mē brevī tempore reditūrum esse.' Neque enim aliōs habet servōs."

red-īre
red-*i*isse
red-*it*ūrum esse *(inf fut)*

Iānitor: "Quis est iste dominus pauper cui ūnus servus est?"

Tlēpolemus: "Est Diodōrus, lūdī magister. Certē nōn dīves es erus meus, sed vir doctus est, quī multōs librōs habet et Latīnōs et Graecōs."

Iānitor: "Sed magnī pretiī sunt librī. Quōmodo pauper magister tot librōs emere potest?"

Tlēpolemus: "Erus meus nec uxōrem nec līberōs habet. Nōn multum eī necessārium est, nec vērō sine librīs potest vīver Cum puerōs nōn docet, librōs legit philosophōrum Graecōrun Nōn putō eum umquam ante mediam noctem dormītum īre

Iānitor: "Ego sine librīs bene vīvō, neque enim legere sciō. Tūne scīs Graecē legere?"

Tlēpolemus: "Sciō nōmina litterārum: *alpha, bēta, gamma* . . .

Α α : alpha
Β β : bēta
Γ γ : gamma

Iānitor: "Nōlī mihi Graecē loquī! Eam linguam nōn intellegō."
Tlēpolemus: "Graecē nec loquī nec legere sciō, sed sciō Latīnē legere."
Iānitor: "Ergō lege mihi id quod in solō īnscrīptum est īnfrā hanc imāginem."
Tlēpolemus: "C-A ca, V-E vē: ca-vē, C-A ca, N-E-M nem: ca-nem: cavē canem!"

V littera dīcitur 'ū'

Iānitor: "Profectō vir doctus es!"
Tlēpolemus: "Nōn tam doctus quam erus meus. Nēmō mē legere docuit; sed saepe Diodōrum puerōs docentem audiō, ita litterās et syllabās discō."
Iānitor: "Meus quoque dominus est vir doctus, ego vērō servus indoctus sum ac stultus. Litterās Latīnās nesciō. Dominus dīcit 'mē tam stultum esse quam canem meum!'"
Tlēpolemus: "Fortasse nōn tam stultus est canis tuus: certē ūnam litteram scit."
Iānitor: "Quam litteram?"
"Canis īrātus R litteram plānius dīcit quam homō" inquit Tlēpolemus baculum tollēns, "Audī!"
Canis rūrsus fremere incipit: "Rrrr!" Tum vērō, tonitrū territus, post iānitōrem recēdit atque ululāre incipit: "Uuuū!"
"Atque canis territus tam plānē dīcit litteram V" inquit iānitor, "Sed stultus est quod tonitrū terrētur."
Tlēpolemus: "Nōn stultus, sed prūdēns est quī tonitrum metuit."
Exit Dāvus ex ātriō; quī tabellārium cōnspiciēns "Quārē hīc manēs?" inquit, "Quid exspectās?"
Tlēpolemus: "Respōnsum exspectō dominī tuī."
Dāvus: "Tempus perdis. Tibi respōnsum nōn dabitur hodiē, crās magistrō dabitur ā Mārcō. Quīn hinc discēdis? Num quid vīs?"
"Nōlō plūs temporis perdere. Redeō ad dominum meum. Valēte!" inquit Tlēpolemus, atque ab iīs discēdit.

COLLOQVIVM VICESIMVM QVARTVM

Persōnae: Diodorūs, Symmachus, Tlēpolemus

ab-īre
ab-*i*isse

Postquam Sextus abiit, magister pōculum suum exhaurit et "Ego quoque" inquit "redīre volō, etsī nēmō domī mē opperītur."

Symmachus: "Nōnne iānitor cūstōdit domum tuam?"

Diodōrus: "Mihi, ut magistrō pauperrimō, ūnus tantum est servus, neque is nunc domī est."

Symmachus: "Quid servus tuus agit forīs?"

Diodōrus: "Multa sunt servī meī officia. Hodiē tabellārius est: epistulam fert ad patrem Mārcī, neque eum ante hōram nōnam reditūrum esse putō. Sed eō absente canis meus ferōx domum cūstōdit."

Symmachus: "Ergō nōn opus est tē iam redīre. Quīn hīc exspectās dum dēsinit imber ac tonitrus? Mox sōl rūrsus lūcēbit."

fūmus -ī *m*

ignis -is *m*

domus ārdet

Diodōrus caelum spectāns "Id nōn arbitror" inquit, "Ecce nova nūbēs ātra oritur."

Item Symmachus caelum intuētur et "Nōn nūbēs" inquit, "sed fūmus est."

Diodōrus: "Fūmus? Unde venit ille fūmus?"

Symmachus: "Semper ex igne venit fūmus. Ego aliquam domum ārdēre putō."

Subitō aliquis magnā vōce "Incendium!" clāmāre incipit, atque brevī tempore viae oppidī implentur hominibus, quī omnēs in eam partem currunt unde fūmus oritur. Diodōrus quoque et Symmachus ē tabernā exeunt atque cēterōs sequuntur.

incendium -ī *n* = domus ārdēns

"Quō īmus?" interrogat Diodōrus.

"In eam partem ubi tū habitās, putō" respondet Symmachus.

Diodōrus quoque currere incipit.

Paulō post Diodōrus ante domum suam ārdentem cōnsistit. Intrā forēs clausās canis vīnctus ululat.

"Age, aperī iānuam, Diodōre! Solve canem tuum!" clāmat aliquis, dum aliī magnō cum strepitū forēs frangere cōnantur.

Diodōrus continuō clāvem prōmit, forēs aperit et canem territum solvit. Canis laetus ē domō excurrit. At dominus, etsī propter fūmum crassum vix spīrāre potest, in mediam domum prōcēdit librōs suōs quaerēns. Tandem, ūnō librō captō, recēdit, ac vix vīvus intrā forēs lābitur.

ex-currere

*cap*ere
*cēp*isse
*capt*um esse

Eō ipsō tempore Tlēpolemus revertitur. "Ubi est erus meus?" inquit.

"Intrā līmen iacet" respondet aliquis, "Tū servā dominum tuum!"

Vix haec verba dicta erant, cum Tlēpolemus per forēs apertās currit, dominum iacentem tollit eumque extrā forēs portat.

Diodōrus, quī ūnum librum manū tenet, oculōs aperit.

"Ō domine!" inquit Tlēpolemus, "Gaudeō tē vīvere!"

At magister "Mēne vīvere" inquit "sine domō ac sine librīs?"

Hīc advenit Symmachus et "Ō mī Diodōre!" inquit, "Quid tibi factum est?"

Diodōrus: "Nōnne vidēs domum meam ārdēre? Iuppiter mē perdidit. Egone hoc meruī? Quid male fēcī? Cūr mē sīc pūnīvit Iuppiter?"

Symmachus: "Ipse dīcis 'tē deōs nōn verērī.' Cūr igitur putās tē ā Iove pūnītum esse?"

Diodōrus: "Quia Iuppiter est deus caelī quī tonitrum ac fulgura efficit. Ille domum meam perdidit. Mihi necesse erit sub caelō apertō vīvere!"

Symmachus: "Certē sub tēctō vīvēs, Diodōre. Venī apud mē habitātum. Domus mea satis magna est."

Diodōrus: "Quid fīet lūdō ac discipulīs meīs?"

Symmachus: "Nūper dīxistī 'tē lūdum clausūrum esse.' Iam clausus est lūdus. Discipulī tuī novum magistrum quaerent. Neque iam opus est tē puerōs improbōs docēre: omne tempus tibi vacuum est ad librōs tuōs."

Diodōrus: "Quid mē dērīdēs, Symmache? Ex omnibus librīs meīs ūnum tantum servāvī."

Symmachus: "Quōmodo librum ex incendiō servāvistī? Tūne sōlus domum ārdentem intrāvistī?"

ex-*ī*re
ex-*i*isse

Diodōrus: "Sōlus intrāvī, nex sōlus illinc exiī: servus meus, quī interim advēnerat, mē vix vīvum ē domō ārdentī tulit. Ecce servus fortis quī erum suum servāvit."

Tlēpolemus: "Antequam ego erum servāvī, ille canem suum servāverat."

"Nec sōlum canem servāveram, sed etiam hunc librum" inquit Diodōrus et medicō librum ostendit.

Symmachus: "Quī liber est iste?"

Diodōrus titulum aspiciēns "Lucrētiī" inquit *"Dē rērum nātūrā* liber sextus. Is est liber dē caelō ac dē tonitrū fulguribusque."

Symmachus: "Quid dīcit Lucrētius dē causā tonitrūs?"

Diodōrus: "Lucrētius dīcit 'tonitrum fierī quia nūbēs volantēs in caelō concurrunt ventīs pugnantibus . . .' Certē negat 'Iovem facere tonitrum'."

con-currere = simul in eundem locum currere

Symmachus: "Neque igitur Iuppiter tē pūnīvit."

DECLINATIONES

NOMINA

Dēclīnātiō I / Dēclīnātiō II

<table>
<tr><th></th><th colspan="2">Dēclīnātiō I</th><th colspan="6">Dēclīnātiō II</th></tr>
<tr><th></th><th>sing</th><th>plūr</th><th>sing</th><th>plūr</th><th>sing</th><th>plūr</th><th>sing</th><th>plūr</th></tr>
<tr><td>nōm</td><td>hōr|a f</td><td>hōr|ae</td><td>serv|us m</td><td>serv|ī</td><td>liber m</td><td>libr|ī</td><td>verb|um n</td><td>verb|a</td></tr>
<tr><td>acc</td><td>hōr|am</td><td>hōr|ās</td><td>serv|um</td><td>serv|ōs</td><td>libr|um</td><td>libr|ōs</td><td>verb|um</td><td>verb|a</td></tr>
<tr><td>gen</td><td>hōr|ae</td><td>hōr|ārum</td><td>serv|ī</td><td>serv|ōrum</td><td>libr|ī</td><td>libr|ōrum</td><td>verb|ī</td><td>verb|ōrum</td></tr>
<tr><td>dat</td><td>hōr|ae</td><td>hōr|īs</td><td>serv|ō</td><td>serv|īs</td><td>libr|ō</td><td>libr|īs</td><td>verb|ō</td><td>verb|īs</td></tr>
<tr><td>abl</td><td>hōr|ā</td><td>hōr|īs</td><td>serv|ō</td><td>serv|īs</td><td>libr|ō</td><td>libr|īs</td><td>verb|ō</td><td>verb|īs</td></tr>
<tr><td>voc</td><td></td><td></td><td>serv|e</td><td></td><td></td><td></td><td></td><td></td></tr>
</table>

Dēclīnātiō III

<table>
<tr><td>nōm</td><td>sōl m</td><td>sōl|ēs</td><td>leō m</td><td>leōn|ēs</td><td>vōx</td><td>vōc|ēs</td><td>nōmen n</td><td>nōmin|a</td></tr>
<tr><td>acc</td><td>sōl|em</td><td>sōl|ēs</td><td>leōn|em</td><td>leōn|ēs</td><td>vōc|em</td><td>vōc|ēs</td><td>nōmen</td><td>nōmin|a</td></tr>
<tr><td>gen</td><td>sōl|is</td><td>sōl|um</td><td>leōn|is</td><td>leōn|um</td><td>vōc|is</td><td>vōc|um</td><td>nōmin|is</td><td>nōmin|um</td></tr>
<tr><td>dat</td><td>sōl|ī</td><td>sōl|ibus</td><td>leōn|ī</td><td>leōn|ibus</td><td>vōc|ī</td><td>vōc|ibus</td><td>nōmin|ī</td><td>nōmin|ibus</td></tr>
<tr><td>abl</td><td>sōl|e</td><td>sōl|ibus</td><td>leōn|e</td><td>leōn|ibus</td><td>vōc|e</td><td>vōc|ibus</td><td>nōmin|e</td><td>nōmin|ibus</td></tr>
<tr><td>nōm</td><td>nāv|is f</td><td>nāv|ēs</td><td>urb|s f</td><td>urb|ēs</td><td>mōns m</td><td>mont|ēs</td><td>mar|e n</td><td>mar|ia</td></tr>
<tr><td>acc</td><td>nāv|em</td><td>nāv|ēs</td><td>urb|em</td><td>urb|ēs</td><td>mont|em</td><td>mont|ēs</td><td>mar|e</td><td>mar|ia</td></tr>
<tr><td>gen</td><td>nāv|is</td><td>nāv|ium</td><td>urb|is</td><td>urb|ium</td><td>mont|is</td><td>mont|ium</td><td>mar|is</td><td>mar|ium</td></tr>
<tr><td>dat</td><td>nāv|ī</td><td>nāv|ibus</td><td>urb|ī</td><td>urb|ibus</td><td>mont|ī</td><td>mont|ibus</td><td>mar|ī</td><td>mar|ibus</td></tr>
<tr><td>abl</td><td>nāv|e</td><td>nāv|ibus</td><td>urb|e</td><td>urb|ibus</td><td>mont|e</td><td>mont|ibus</td><td>mar|ī</td><td>mar|ibus</td></tr>
</table>

Dēclīnātiō IV / Dēclīnātiō V

<table>
<tr><th></th><th colspan="4">Dēclīnātiō IV</th><th colspan="4">Dēclīnātiō V</th></tr>
<tr><td>nōm</td><td>man|us f</td><td>man|ūs</td><td>corn|ū n</td><td>corn|ua</td><td>di|ēs m</td><td>di|ēs</td><td>r|ēs f</td><td>r|ēs</td></tr>
<tr><td>acc</td><td>man|um</td><td>man|ūs</td><td>corn|ū</td><td>corn|ua</td><td>di|em</td><td>di|ēs</td><td>r|em</td><td>r|ēs</td></tr>
<tr><td>gen</td><td>man|ūs</td><td>man|uum</td><td>corn|ūs</td><td>corn|uum</td><td>di|ēī</td><td>di|ērum</td><td>r|eī</td><td>r|ērum</td></tr>
<tr><td>dat</td><td>man|uī</td><td>man|ibus</td><td>corn|ū</td><td>corn|ibus</td><td>di|ēī</td><td>di|ēbus</td><td>r|eī</td><td>r|ēbus</td></tr>
<tr><td>abl</td><td>man|ū</td><td>man|ibus</td><td>corn|ū</td><td>corn|ibus</td><td>di|ē</td><td>di|ēbus</td><td>r|ē</td><td>r|ēbus</td></tr>
</table>

Dēclīnātiō I et II: adiectīva

<table>
<tr><th></th><th></th><th>m</th><th>f</th><th>n</th><th>m</th><th>f</th><th>n</th></tr>
<tr><td>sing</td><td>nōm</td><td>magn|us</td><td>magn|a</td><td>magn|um</td><td>nūll|us</td><td>nūll|a</td><td>nūll|um</td></tr>
<tr><td></td><td>acc</td><td>magn|um</td><td>magn|am</td><td>magn|um</td><td>nūll|um</td><td>nūll|am</td><td>nūll|um</td></tr>
<tr><td></td><td>gen</td><td>magn|ī</td><td>magn|ae</td><td>magn|ī</td><td>nūll|īus</td><td>nūll|īus</td><td>nūll|īus</td></tr>
<tr><td></td><td>dat</td><td>magn|ō</td><td>magn|ae</td><td>magn|ō</td><td>nūll|ī</td><td>nūll|ī</td><td>nūll|ī</td></tr>
<tr><td></td><td>abl</td><td>magn|ō</td><td>magn|ā</td><td>magn|ō</td><td>nūll|ō</td><td>nūll|ā</td><td>nūll|ō</td></tr>
<tr><td>plūr</td><td>nōm</td><td>magn|ī</td><td>magn|ae</td><td>magn|a</td><td>nūll|ī</td><td>nūll|ae</td><td>nūll|a</td></tr>
<tr><td></td><td>acc</td><td>magn|ōs</td><td>magn|ās</td><td>magn|a</td><td>nūll|ōs</td><td>nūll|ās</td><td>nūll|a</td></tr>
<tr><td></td><td>gen</td><td>magn|ōrum</td><td>magn|ārum</td><td>magn|ōrum</td><td>nūll|ōrum</td><td>nūll|ārum</td><td>nūll|ōrum</td></tr>
<tr><td></td><td>dat</td><td>magn|īs</td><td>magn|īs</td><td>magn|īs</td><td>nūll|īs</td><td>nūll|īs</td><td>nūll|īs</td></tr>
<tr><td></td><td>abl</td><td>magn|īs</td><td>magn|īs</td><td>magn|īs</td><td>nūll|īs</td><td>nūll|īs</td><td>nūll|īs</td></tr>
</table>

Dēclīnātiō III: adiectīva

<table>
<tr><th></th><th></th><th>m / f</th><th>n</th><th>m / f</th><th>n</th><th>m / f</th><th>n</th></tr>
<tr><td>sing</td><td>nōm</td><td>brev|is</td><td>brev|e</td><td>prūdēns</td><td>prūdēns</td><td>melior</td><td>melius</td></tr>
<tr><td></td><td>acc</td><td>brev|em</td><td>brev|e</td><td>prūdēns</td><td>prūdēns</td><td>melior</td><td>melius</td></tr>
<tr><td></td><td>gen</td><td>brev|is</td><td>brev|is</td><td>prūdent|is</td><td>prūdent|is</td><td>meliōr|is</td><td>meliōr|is</td></tr>
<tr><td></td><td>dat</td><td>brev|ī</td><td>brev|ī</td><td>prūdent|ī</td><td>prūdent|ī</td><td>meliōr|ī</td><td>meliōr|ī</td></tr>
<tr><td></td><td>abl</td><td>brev|ī</td><td>brev|ī</td><td>prūdent|ī</td><td>prūdent|ī</td><td>meliōr|e</td><td>meliōr|e</td></tr>
<tr><td>plūr</td><td>nōm</td><td>brev|ēs</td><td>brev|ia</td><td>prūdent|ēs</td><td>prūdent|ia</td><td>meliōr|ēs</td><td>meliōr|a</td></tr>
<tr><td></td><td>acc</td><td>brev|ēs</td><td>brev|ia</td><td>prūdent|ēs</td><td>prūdent|ia</td><td>meliōr|ēs</td><td>meliōr|a</td></tr>
<tr><td></td><td>gen</td><td>brev|ium</td><td>brev|ium</td><td>prūdent|ium</td><td>prūdent|ium</td><td>meliōr|um</td><td>meliōr|um</td></tr>
<tr><td></td><td>dat</td><td>brev|ibus</td><td>brev|ibus</td><td>prūdent|ibus</td><td>prūdent|ibus</td><td>meliōr|ibus</td><td>meliōr|ibus</td></tr>
<tr><td></td><td>abl</td><td>brev|ibus</td><td>brev|ibus</td><td>prūdent|ibus</td><td>prūdent|ibus</td><td>meliōr|ibus</td><td>meliōr|ibus</td></tr>
</table>

ADIECTIVA ET ADVERBIA

Comparātiō

	adiectīvum	*adverbium*	*adiectīvum*	*adverbium*
positīvus	rēct|us -a -um	rēct|ē	brev|is -e	brev|iter
comparātīvus	rēct|ior -ius -iōr|is	rēct|ius	brev|ior -ius -iōr|is	brev|ius
superlātīvus	rēct|issim|us -a -um	rēct|issimē	brev|issim|us -a -um	brev|issimē

NVMERI

1	ūn|us -a um	I	prīm|us -a -um	11	ūndecim	XI	ūndecim|us -a -um
2	du|o -ae -o	II	secund|us	12	duodecim	XII	duodecim|us
3	tr|ēs -ia	III	terti|us	13	trēdecim	XIII	tertiu|s decim|us
4	quattuor	IV	quārt|us	14	quattuordecim	XIV	quārt|us decim|us
5	quīnque	V	quīnt|us	15	quīndecim	XV	quīnt|us decim|us
6	sex	VI	sext|us	16	sēdecim	XVI	sext|us decim|us
7	septem	VII	septim|us	17	septendecim	XVII	septim|us decim|us
8	octō	VIII	octāv|us	18	duodēvīgintī	XVIII	duodēvīcēsim|us
9	novem	IX	nōn|us	19	ūndēvīgintī	XIX	ūndēvīcēsim|us
10	decem	X	decim|us				
20	vīgintī	XX	vīcēsim|us	200	ducent|ī -ae -a	CC	ducentēsim|us -a -um
30	trīgintā	XXX	trīcēsim|us	300	trecent|ī	CCC	trecentēsim|us
40	quadrāgintā	XL	quadrāgēsim|us	400	quadringent|ī	CCCC	quadringentēsim|us
50	quīnquāgintā	L	quīnquāgēsim|us	500	quīngent|ī	D	quīngentēsim|us
60	sexāgintā	LX	sexāgēsim|us	600	sescent|ī	DC	sescentēsim|us
70	septuāgintā	LXX	septuāgēsim|us	700	septingent|ī	DCC	septingentēsim|us
80	octōgintā	LXXX	octōgēsim|us	800	octingent|ī	DCCC	octingentēsim|us
90	nōnāgintā	XC	nōnāgēsim|us	900	nōngent|ī	DCCCC	nōngentēsim|us
100	centum	C	centēsim|us	1000	mīlle	M	mīllēsim|us

PRONOMINA

Persōnālia / *Possessīva*

nōm	ego	tū		nōs	vōs	me|us -a -um	noster -tr|a -tr|um
acc	mē	tē	sē	nōs	vōs	*voc* mī	
dat	mihi	tibi	sibi	nōbīs	vōbīs	tu|us -a -um	vester -tr|a -tr|um
abl	mē	tē	sē	nōbīs	vōbīs	su|us -a -um	

Dēmōnstrātīva

		m	*f*	*n*	*m*	*f*	*n*	*m*	*f*	*n*
sing	*nōm*	i|s	e|a	i|d	hic	haec	hoc	ill|e	ill|a	ill|ud
	acc	e|um	e|am	i|d	hunc	hanc	hoc	ill|um	ill|am	ill|ud
	gen	e|ius	e|ius	e|ius	huius	huius	huius	ill|īus	ill|īus	ill|īus
	dat	e|ī	e|ī	e|ī	huic	huic	huic	ill|ī	ill|ī	ill|ī
	abl	e|ō	e|ā	e|ō	hōc	hāc	hōc	ill|ō	ill|ā	ill|ō
plūr	*nōm*	i|ī	e|ae	e|a	hī	hae	haec	ill|ī	ill|ae	ill|a
	acc	e|ōs	e|ās	e|a	hōs	hās	haec	ill|ōs	ill|ās	ill|a
	gen	e|ōrum	e|ārum	e|ōrum	hōrum	hārum	hārum	ill|ōrum	ill|ārum	ill|ārum
	dat	i|īs	i|īs	i|īs	hīs	hīs	hīs	ill|īs	ill|īs	ill|īs
	abl	i|īs	i|īs	i|īs	hīs	hīs	hīs	ill|īs	ill|īs	ill|īs

Interrogātīvum/relātīvum

		m	*f*	*n*			*m*	*f*	*n*
sing	*nōm*	qu|is/qu|ī	qu|ae	qu|id/qu|od	*plūr*	*nōm*	qu|ī	qu|ae	qu|ae
	acc	qu|em	qu|am	qu|id/qu|od		*acc*	qu|ōs	qu|ās	qu|ae
	gen	cu|ius	cu|ius	cu|ius		*gen*	qu|ōrum	qu|ārum	qu|ōrum
	dat	cu|i	cu|i	cu|i		*dat*	qu|ibus	qu|ibus	qu|ibus
	abl	qu|ō	qu|ā	qu|ō		*abl*	qu|ibus	qu|ibus	qu|ibus

[A] Āctīvum

<table>
<tr><td colspan="7">Īnfīnītīvus</td></tr>
<tr><td>praes</td><td></td><td>amā|re</td><td>monē|re</td><td>leg|ere</td><td>audī|re</td><td>es|se</td></tr>
<tr><td>perf</td><td></td><td>amāv|isse</td><td>monu|isse</td><td>lēg|isse</td><td>audīv|isse</td><td>fu|isse</td></tr>
<tr><td>fut</td><td></td><td>amā|tū|rum esse</td><td>monit|ūr|um esse</td><td>lēct|ūr|um esse</td><td>audīt|ūr|um esse</td><td>fut|ūr|um esse</td></tr>
<tr><td colspan="7">Imperātīvus</td></tr>
<tr><td>sing</td><td></td><td>amā</td><td>monē</td><td>leg|e</td><td>audī</td><td>es</td></tr>
<tr><td>plūr</td><td></td><td>amā|te</td><td>monē|te</td><td>leg|ite</td><td>audī|te</td><td>es|te</td></tr>
<tr><td colspan="7">Indicātīvus</td></tr>
<tr><td colspan="7">praesēns</td></tr>
<tr><td>sing</td><td>1</td><td>am|ō</td><td>mone|ō</td><td>leg|ō</td><td>audi|ō</td><td>s|um</td></tr>
<tr><td></td><td>2</td><td>amā|s</td><td>monē|s</td><td>leg|is</td><td>audī|s</td><td>es</td></tr>
<tr><td></td><td>3</td><td>ama|t</td><td>mone|t</td><td>leg|is</td><td>audi|t</td><td>es|t</td></tr>
<tr><td>plūr</td><td>1</td><td>amā|mus</td><td>monē|mus</td><td>leg|imus</td><td>audī|mus</td><td>s|umus</td></tr>
<tr><td></td><td>2</td><td>amā|tis</td><td>monē|tis</td><td>leg|itis</td><td>audī|tis</td><td>es|tis</td></tr>
<tr><td></td><td>3</td><td>ama|nt</td><td>mone|nt</td><td>leg|unt</td><td>audi|unt</td><td>s|unt</td></tr>
<tr><td colspan="7">imperfectum</td></tr>
<tr><td>sing</td><td>1</td><td>amā|ba|m</td><td>monē|ba|m</td><td>leg|ēba|m</td><td>audi|ēba|m</td><td>era|m</td></tr>
<tr><td></td><td>2</td><td>amā|bā|s</td><td>monē|bā|s</td><td>leg|ēbā|s</td><td>audi|ēbā|s</td><td>erā|s</td></tr>
<tr><td></td><td>3</td><td>amā|ba|t</td><td>monē|ba|t</td><td>leg|ēba|t</td><td>audi|ēba|t</td><td>era|t</td></tr>
<tr><td>plūr</td><td>1</td><td>amā|bā|mus</td><td>monē|bā|mus</td><td>leg|ēbā|mus</td><td>audi|ēbā|mus</td><td>erā|mus</td></tr>
<tr><td></td><td>2</td><td>amā|bā|tis</td><td>monē|bā|tis</td><td>leg|ēbā|tis</td><td>audi|ēbā|tis</td><td>erā|tis</td></tr>
<tr><td></td><td>3</td><td>amā|ba|nt</td><td>monē|ba|nt</td><td>leg|ēba|nt</td><td>audi|ēba|nt</td><td>era|nt</td></tr>
<tr><td colspan="7">futūrum</td></tr>
<tr><td>sing</td><td>1</td><td>amā|b|ō</td><td>monē|b|ō</td><td>leg|a|m</td><td>audi|a|m</td><td>er|ō</td></tr>
<tr><td></td><td>2</td><td>amā|b|is</td><td>monē|b|is</td><td>leg|ē|s</td><td>audi|ē|s</td><td>er|is</td></tr>
<tr><td></td><td>3</td><td>amā|b|it</td><td>monē|b|it</td><td>leg|e|t</td><td>audi|e|t</td><td>er|it</td></tr>
<tr><td>plūr</td><td>1</td><td>amā|b|imus</td><td>monē|b|imus</td><td>leg|ē|mus</td><td>audi|ē|mus</td><td>er|imus</td></tr>
<tr><td></td><td>2</td><td>amā|b|itis</td><td>monē|b|itis</td><td>leg|ē|tis</td><td>audi|ē|tis</td><td>er|itis</td></tr>
<tr><td></td><td>3</td><td>amā|b|unt</td><td>monē|b|unt</td><td>leg|e|nt</td><td>audi|e|nt</td><td>er|unt</td></tr>
<tr><td colspan="7">perfectum</td></tr>
<tr><td>sing</td><td>1</td><td>amāv|ī</td><td>monu|ī</td><td>lēg|ī</td><td>audīv|ī</td><td>fu|ī</td></tr>
<tr><td></td><td>2</td><td>amāv|istī</td><td>monu|istī</td><td>lēg|istī</td><td>audīv|istī</td><td>fu|istī</td></tr>
<tr><td></td><td>3</td><td>amāv|it</td><td>monu|it</td><td>lēg|it</td><td>audīv|it</td><td>fu|it</td></tr>
<tr><td>plūr</td><td>1</td><td>amāv|imus</td><td>monu|imus</td><td>lēg|imus</td><td>audīv|imus</td><td>fu|imus</td></tr>
<tr><td></td><td>2</td><td>amāv|istis</td><td>monu|istis</td><td>lēg|istis</td><td>audīv|istis</td><td>fu|istis</td></tr>
<tr><td></td><td>3</td><td>amāv|ērunt</td><td>monu|ērunt</td><td>lēg|ērunt</td><td>audīv|ērunt</td><td>fu|ērunt</td></tr>
<tr><td colspan="7">plūsquamperfectum</td></tr>
<tr><td>sing</td><td>1</td><td>amāv|era|m</td><td>monu|era|m</td><td>lēg|era|m</td><td>audīv|era|m</td><td>fu|era|m</td></tr>
<tr><td></td><td>2</td><td>amāv|erā|s</td><td>monu|erā|s</td><td>lēg|erā|s</td><td>audīv|erā|s</td><td>fu|erā|s</td></tr>
<tr><td></td><td>3</td><td>amāv|era|t</td><td>monu|era|t</td><td>lēg|era|t</td><td>audīv|era|t</td><td>fu|era|t</td></tr>
<tr><td>plūr</td><td>1</td><td>amāv|erā|mus</td><td>monu|erā|mus</td><td>lēg|erā|mus</td><td>audīv|erā|mus</td><td>fu|erā|mus</td></tr>
<tr><td></td><td>2</td><td>amāv|erā|tis</td><td>monu|erā|tis</td><td>lēg|erā|tis</td><td>audīv|erā|tis</td><td>fu|erā|tis</td></tr>
<tr><td></td><td>3</td><td>amāv|era|nt</td><td>monu|era|nt</td><td>lēg|era|nt</td><td>audīv|era|nt</td><td>fu|era|nt</td></tr>
<tr><td colspan="7">Participium</td></tr>
<tr><td>praes</td><td></td><td>amā|ns -a|nt|is</td><td>monē|ns -e|nt|is</td><td>leg|ēns -ent|is</td><td>audi|ēns -ent|is</td><td>–</td></tr>
<tr><td>fut</td><td></td><td>amāt|ūr|us</td><td>monit|ūr|us</td><td>lēct|ūr|us</td><td>audīt|ūr|us</td><td>fut|ūr|us</td></tr>
</table>

[B] *Passīvum*

<table>
<tr><td colspan="6">Īnfīnītīvus</td></tr>
<tr><td>praes</td><td></td><td>amā|ri</td><td>monē|rī</td><td>leg|ī</td><td>audī|rī</td></tr>
<tr><td>perf</td><td></td><td>amāt|um esse</td><td>monit|um esse</td><td>lēct|um esse</td><td>audīt|um esse</td></tr>
<tr><td colspan="6">Indicātīvus</td></tr>
<tr><td colspan="6">praesēns</td></tr>
<tr><td>sing</td><td>1</td><td>am|or</td><td>mone|or</td><td>leg|or</td><td>audi|or</td></tr>
<tr><td></td><td>2</td><td>amā|ris</td><td>monē|ris</td><td>leg|eris</td><td>audī|ris</td></tr>
<tr><td></td><td>3</td><td>amā|tur</td><td>monē|tur</td><td>leg|itur</td><td>audī|tur</td></tr>
<tr><td>plūr</td><td>1</td><td>amā|mur</td><td>monē|mur</td><td>leg|imur</td><td>audī|mur</td></tr>
<tr><td></td><td>2</td><td>amā|minī</td><td>monē|minī</td><td>leg|iminī</td><td>audī|minī</td></tr>
<tr><td></td><td>3</td><td>ama|ntur</td><td>mone|ntur</td><td>leg|untur</td><td>audi|untur</td></tr>
<tr><td colspan="6">imperfectum</td></tr>
<tr><td>sing</td><td>1</td><td>amā|ba|r</td><td>monē|ba|r</td><td>leg|ēba|r</td><td>audi|ēba|r</td></tr>
<tr><td></td><td>2</td><td>amā|bā|ris</td><td>monē|bā|ris</td><td>leg|ēbā|ris</td><td>audi|ēbā|ris</td></tr>
<tr><td></td><td>3</td><td>amā|bā|tur</td><td>monē|bā|tur</td><td>leg|ēbā|tur</td><td>audi|ēbā|tur</td></tr>
<tr><td>plūr</td><td>1</td><td>amā|bā|mur</td><td>monē|bā|mur</td><td>leg|ēbā|mur</td><td>audi|ēbā|mur</td></tr>
<tr><td></td><td>2</td><td>amā|bā|minī</td><td>monē|bā|minī</td><td>leg|ēbā|minī</td><td>audi|ēbā|minī</td></tr>
<tr><td></td><td>3</td><td>amā|ba|ntur</td><td>monē|ba|ntur</td><td>leg|ēba|ntur</td><td>audi|ēba|ntur</td></tr>
<tr><td colspan="6">futūrum</td></tr>
<tr><td>sing</td><td>1</td><td>amā|b|or</td><td>monē|b|or</td><td>leg|a|r</td><td>audi|a|r</td></tr>
<tr><td></td><td>2</td><td>amā|b|eris</td><td>monē|b|eris</td><td>leg|ē|ris</td><td>audi|ē|ris</td></tr>
<tr><td></td><td>3</td><td>amā|b|itur</td><td>monē|b|itur</td><td>leg|ē|tur</td><td>audi|ē|tur</td></tr>
<tr><td>plūr</td><td>1</td><td>amā|b|imur</td><td>monē|b|imur</td><td>leg|ē|mur</td><td>audi|ē|mur</td></tr>
<tr><td></td><td>2</td><td>amā|b|iminī</td><td>monē|b|iminī</td><td>leg|ē|minī</td><td>audi|ē|minī</td></tr>
<tr><td></td><td>3</td><td>amā|b|untur</td><td>monē|b|untur</td><td>leg|e|ntur</td><td>audi|e|ntur</td></tr>
<tr><td colspan="6">perfectum</td></tr>
<tr><td>sing</td><td>1</td><td>amāt|us sum</td><td>monit|us sum</td><td>lēct|us sum</td><td>audīt|us sum</td></tr>
<tr><td></td><td>2</td><td>amāt|us es</td><td>monit|us es</td><td>lēct|us es</td><td>audīt|us es</td></tr>
<tr><td></td><td>3</td><td>amāt|us est</td><td>monit|us est</td><td>lēct|us est</td><td>audīt|us est</td></tr>
<tr><td>plūr</td><td>1</td><td>amāt|ī sumus</td><td>monit|ī sumus</td><td>lēct|ī sumus</td><td>audīt|ī sumus</td></tr>
<tr><td></td><td>2</td><td>amāt|ī estis</td><td>monit|ī estis</td><td>lēct|ī estis</td><td>audīt|ī estis</td></tr>
<tr><td></td><td>3</td><td>amāt|ī sunt</td><td>monit|ī sunt</td><td>lēct|ī sunt</td><td>audīt|ī sunt</td></tr>
<tr><td colspan="6">plūsquamperfectum</td></tr>
<tr><td>sing</td><td>1</td><td>amāt|us eram</td><td>monit|us eram</td><td>lēct|us eram</td><td>audīt|us eram</td></tr>
<tr><td></td><td>2</td><td>amāt|us erās</td><td>monit|us erās</td><td>lēct|us erās</td><td>audīt|us erās</td></tr>
<tr><td></td><td>3</td><td>amāt|us erat</td><td>monit|us erat</td><td>lēct|us erat</td><td>audīt|us erat</td></tr>
<tr><td>plūr</td><td>1</td><td>amāt|ī erāmus</td><td>monit|ī erāmus</td><td>lēct|ī erāmus</td><td>audīt|ī erāmus</td></tr>
<tr><td></td><td>2</td><td>amāt|ī erātis</td><td>monit|ī erātis</td><td>lēct|ī erātis</td><td>audīt|ī erātis</td></tr>
<tr><td></td><td>3</td><td>amāt|ī erant</td><td>monit|ī erant</td><td>lēct|ī erant</td><td>audīt|ī erant</td></tr>
<tr><td colspan="6">Participium</td></tr>
<tr><td>perf</td><td></td><td>amāt|us</td><td>monit|us</td><td>lēct|us</td><td>audīt|us</td></tr>
</table>

NOTAE

abl	*ablātīvus*
acc	*accūsātīvus*
adv	*adverbium*
dat	*datīvus*
f	*fēminīnum*
fut	*futūrum*
gen	*genetīvus*
imp	*imperātīvus*
īnf	*īnfīnītīvus*
m	*masculīnum*
n	*neutrum*
nōm	*nōminātīvus*
perf	*perfectum*
plūr	*plūrālis*
praes	*praesēns*
sing	*singulāris*
voc	*vocātīvus*
1	*persōna prīma*
2	*persōna secunda*
3	*persōna tertia*
↔	*contrārium*
<	*ex*

VOCABULARY

ABBREVIATIONS

abl	ablātīvus	ablative
acc	accūsātīvus	accusative
adi	adiectīvum	adjective
adv	adverbium	adverb
comp	comparātīvus	comparative
dat	datīvus	dative
f	fēminīnum	feminine
fut	futūrum	future
gen	genetīvus	genitive
imp	imperātīvus	imperative
indēcl	indēclīnābile	indeclinable
īnf	īnfīnītīvus	infinitive
m	masculīnum	masculine
n	neutrum	neuter
nōm	nōminātīvus	nominative
perf	perfectum	perfect
pl, plūr	plūrālis	plural
praes	praesēns	present
prōn	prōnōmen	pronoun
prp	praepositiō	preposition
sing	singulāris	singular
sup	superlātīvus	superlative
v.	vidē	see
voc	vocātīvus	vocative
1	persōna prīma	1st person
2	persōna secunda	2nd person
3	persōna tertia	3rd person

A

ā/ab *prp +abl*	from, of, by
ab-esse -sunt	be absent/away/ distant
ab-īre -eunt -iisse	go away
absēns -entis *adi*	absent
ac/atque	and, as, than
ac-cēdere	go (to), come near
ac-cipere -iunt	receive, get
ac-currere	come running
accūsāre	accuse
ad *prp +acc*	to, towards, by, till
ad-dere	add
ad-esse -sunt	be present
ad-hūc	so far, still
ad-īre -eunt	go (to), approach
ad-mittere	let in, admit
ad-venīre -vēnisse	arrive
aeger -gra -grum	sick, ill
aegrōtāre	be ill
āēr āeris ***m***	air
af-ferre	bring
agere	do
age agite	come on! well, now
agricola -ae *m*	farmer, peasant
āiō ais ait āiunt	say
ain' (tū)?	you don't say? really?
āla -ae *f*	wing
albus -a -um	white
aliēnus -a -um	somebody else's
ali-quī -qua -quod *adi*	some
ali-quid	something
ali-quis	somebody, some one
alius -a -ud	other, another
aliī . . . aliī	some . . . others
alter -era -erum	one, the other (of two)
amāns -antis *adi*	loving, beloved
amāre	love
ambulāre	walk
amīca -ae *f*	girlfriend
amīcus -ī *m*	friend
an	or
ancilla -ae *f*	female slave, servant
angustus -a -um	narrow
anim-ad-vertere	notice
animal -ālis *n*	animal, living being
annus -ī *m*	year
ante *prp +acc, adv*	in front of, before
anteā *adv*	formerly
ante-quam	before
antīquus -a -um	old, ancient
ānulus -ī *m*	ring
aperīre	open
apertus -a -um	open
appellāre	call, address
apud *prp +acc*	beside, near, by
aqua -ae *f*	water
aquila -ae *f*	eagle
arbitrārī	think, believe
arbor -oris *f*	tree
arcessere	send for, fetch
ārdēre	be on fire, burn
arma -ōrum *n pl*	arms
armātus -a -um	armed
ascendere	climb up, go up, mount
a-spicere -iunt	look at
at	but
āter -tra -trum	black, dark
atomus -ī *f*	atom
atque/ac	and, as, than
ātrium -ī *n*	hall
audēre	dare, venture
audīre	hear, listen
aureus -a -um	gold-, golden
auris -is *f*	ear
aurum -ī n	gold
aut	or
autem	but, however
avis -is *f*	bird

B

baculum -ī *n*	stick
bālāre	bleat
barbarus -a -um	foreign, barbarian
beātus -a -um	happy
bene	well
bēstia -ae *f*	beast, animal
bibere	drink
bonus -a -um	good
bracchium -ī *n*	arm
brevis -e	short, brief

C

cadere	fall
caelum -ī *n*	sky, heaven
calidus -a -um	warm, hot

campus -ī *m*	plain, field
canere	sing, play
canis -is *m/f*	dog
cantāre	sing
capere -iunt cēpisse	take, catch
caput -itis *n*	head
carēre *+abl*	be without, lack
castra -ōrum *n pl*	camp
cauda -ae *f*	tail
causa -ae *f*	cause, reason
cavēre	beware (of)
centum	a hundred
cernere	discern, perceive
certē	certainly, at any rate
certus -a -um	certain, sure
cēterī -ae -a	the other(s), the rest
cibus -ī *m*	food
clāmāre	shout
clāmor -ōris *m*	shout, shouting
clārus -a -um	bright, clear, famous
claudere -sisse -sum	shut, close
clausus -a -um	shut, closed
clāvis -is *f*	key
cōgitāre	think
cognōscere	get to know, recognize
col-loquī	talk, converse
colloquium -ī *n*	conversation, talk
collum -ī *n*	neck
color -ōris *m*	colour
columna -ae *f*	column
complectī	embrace
computāre	calculate, reckon
cōnārī	attempt, try
con-currere	meet, collide, clash
cōn-sīdere	sit down
cōn-sistere	stop, halt
cōnsōlārī	comfort, console
cōn-spicere -iunt	catch sight of, see
cōn-stāre	cost
cōnstāre ex	consist of
continuō *adv*	immediately
contrā *prp +acc*	against
contrārius -a -um	opposite, contrary
cor cordis *n*	heart
corpus -oris *n*	body
cotīdiē	every day
crās	tomorrow
crassus -a -um	thick, fat
crēdere *+dat*	believe, trust
cruor -ōris *m*	blood
crūs -ūris *n*	leg
cubiculum -ī *n*	bedroom, room
culter -trī *m*	knife
cum *prp +abl*	with
cum *coniūnctiō*	when, as
cūr	why
cūrāre	look after, care about
currere	run
cūstōdīre	guard

D

dare dedisse	give
dē *prp +abl*	(down) from, of, about
dea -ae *f*	goddess
dēbēre	owe, be obliged
decem	ten
decēre	be fitting, become
decimus -a -um	tenth
de-esse de-est dē-sunt	be lacking
dēfendere	defend
de-inde	afterwards, then
dēlectāre	delight, please
dēnārius -ī *m*	denarius (silver coin)
dēns dentis *m*	tooth
dē-rīdēre	laugh at, make fun of
dē-sinere	finish, stop
dē-tergēre	wipe off
deus -ī *m*	god
dexter -tra -trum	right
dīcere -xisse	say, call
diēs -ēī *m*	day
difficilis -e	difficult
digitus -ī *m*	finger
dīligere	love, be fond of
dī-mittere	send away, dismiss
dis-cēdere	go away, depart
discere	learn
discipulus -ī *m*	pupil, schoolboy
dīves -itis *adi*	rich
dīvidere	divide, separate
docēre	teach
doctus -a -um	learned, skilled
dolēre	ache, feel pain, grieve
domī *adv*	at home
domina -ae *f*	mistress
dominus -ī *m*	master

domus -ūs *f, abl* -ō	house
acc/abl domum/-ō	home/from home
dōnum -ī *n*	gift, present
dormīre	sleep
dūcere -xisse	guide, lead, take
dum	while, as long as, until
duo -ae -o	two
duo-decim	twelve
duo-decimus -a -um	twelfth
duo-dē-vīgintī	eighteen
dūrus -a -um	hard
dux ducis *m*	leader, general

E

ē/ex *prp +abl*	out of, from, since
ea . . . *prōn, v.* is ea id	
ecce	see, look, here is
ef-ficere -iunt	make, cause
ego mē mihi	I, me
ē-gredī -iuntur	go out
emere ēmisse	buy
enim	for, in fact
epistula -ae *f*	letter
equus -ī *m*	horse
ergō	therefore, so
errāre	wander, stray
erus -ī *m*	master
esse est sunt fuisse	be
ēsse ēst edunt	eat
et	and, also
et . . . et	both . . . and
etiam	also, even, yet
etiam sī	even if
et-sī	even if, although
ex/ē *prp+abl*	out of, from, since
excitāre	wake up, arouse
ex-clāmāre	cry out, exclaim
ex-currere	run out, rush out
exercitus -ūs *m*	army
ex-haurīre	drain, empty
ex-īre -eunt -iisse	go out
ex-spectāre	wait (for), expect
extrā *prp+acc*	outside

F

facere -iunt fēcisse	make, do
faciēs -ēī *f*	face
facilis -e	easy
fallere	deceive
falsus -a -um	false
familia -ae *f*	domestic staff, family
fēmina -ae *f*	woman
fenestra -ae *f*	window
ferōx -ōcis *adi*	fierce, ferocious
ferre tulisse	carry, bring, bear
ferreus -a -um	of iron, iron-
ferrum -ī *n*	iron
ferus -a -um	wild
fessus -a -um	tired
fierī fit fiunt factum	be done, become, happen
fīlia -ae *f*	daughter
fīliolus -ī *m*	little son
fīlius -ī *m, voc* fīlī	son
flāre	blow
flōs -ōris *m*	flower
fluere	flow
flūmen -inis *n*	river
fluvius -ī *m*	river
foedus -a -um	ugly, hideous
folium -ī *n*	leaf
foris -is *f*	door
forīs *adv*	outside, out of doors
fōrmōsus -a -um	beautiful, pretty
fortasse	perhaps, maybe
fortis -e	strong, brave
forum -ī *n*	square, market-place
frangere	break, shatter
frāter -tris *m*	brother
fremere	growl
frīgidus -a -um	cold
frōns -ontis *f*	forehead
fugere -iunt	run away, flee
fulgur -uris *n*	flash of lightning
fūmus -ī *m*	smoke

G

gaudēre	be glad, be pleased
gemma -ae *f*	jewel
gemmātus -a -um	set with jewels
gerere	wear, have
gladius -ī *m*	sword
gradus -ūs *m*	step
Graecus -a -um	Greek
gravis -e	heavy

H

habēre	have
sē habēre	feel, be

habitāre	dwell, live
herba -ae *f*	grass
heus!	hey! hello!
hic haec hoc	this
hīc	here
hinc	from here
hinnīre	neigh
hodiē	today
homō -inis *m*	human being, person
hōra -ae *f*	hour
horrēre	shudder
hortus -ī *m*	garden
hūmānus -a -um	human
humī *adv*	on the ground

I

iacere -iunt	throw
iacēre	lie
iam	now, already
iānitor -ōris *m*	doorkeeper
id *prōn n, v.* is ea id	that, it
īdem eadem idem	the same
igitur	therefore, so
ignis -is *m*	fire
ille -a -ud	that, he
illīc	there
illinc	from there
illūstrāre	illuminate
imāgō -inis *f*	picture
imber -bris *m*	rain
immō	no, on the contrary
imperāre	order, command
implēre	fill
im-pōnere	place (in/on), put
im-probus -a -um	bad, wicked
in *prp +abl*	in, on, at, among
prp +acc	into, to, against
incendium -ī *n*	fire
in-certus -a -um	uncertain
in-cipere -iunt	begin, start
in-doctus -a -um	ignorant
industrius -a -um	industrious, diligent
īnfāns -antis *m/f*	little child, baby
īnfrā *prp +acc*	below
inquit -iunt	says (he/she)
īn-scrībere	write on
īnsula -ae *f*	island
intellegere	understand
inter *prp +acc*	between, among
inter sē	one another
inter-esse	be between
interim	meanwhile
inter-rogāre	ask, question
intrā *prp +acc*	within, inside
intrāre	enter
intuērī	look at, watch
ipse -a -um	himself
īrātus -a -um	angry
īre eō eunt iisse	go
is ea id	he, she, it, that
iste -a -ud	this, that (of yours)
ita	so, in such a way
itaque	therefore
item	similarly, as well
iterum	again, a second time
iubēre	order, tell
Iūnius -ī (mēnsis)	June

K

kalendae -ārum *f pl*	the 1st (of the month)

L

lābi	slip, drop, fall
lac lactis *n*	milk
lacrima -ae *f*	tear
lacrimāre	shed tears, weep
laetārī	be glad, rejoice
laetus -a -um	glad, cheerful
largīrī	give generously
Latīnus -a -um	Latin
Latīnē	(in) Latin
lātrāre	bark
laudāre	praise
lectīca -ae *f*	litter, sedan
lectulus -ī *m*	(little) bed
lectus -ī *m*	bed
legere lēgisse	read
liber -brī *m*	book
līberī - ōrum *m pl*	children
licet	it is allowed, one may
līmen -inis *n*	threshold
lingua -ae *f*	tongue, language
littera -ae *f*	letter
locus -ī *m*	place
longus -a -um	long
loquī	speak, talk
lūcēre	shine

lūdus -ī *m*	school
lūdī magister	schoolmaster, teacher
lūna -ae *f*	moon
lupus -ī *m*	wolf
lūx lūcis *f*	light

M

magister -ī *m*	teacher
magnificus -a -um	magnificent, splendid
magnus -a -um	big, large, great
māior -ius -iōris *comp*	bigger, greater, older
male *adv*	badly
malus -a -um	bad, wicked, evil
mamma -ae *f*	mummy
māne *n indēcl*	morning
māne *adv*	in the morning
manēre	stay, remain
manus -ūs *f*	hand
margarīta -ae *f*	pearl
marītus -ī *m*	husband
māter -tris *f*	mother
māteria -ae *f*	material, substance
māximus -a -um *sup*	biggest, greatest
mē *acc/abl, v.* ego	me
mē-cum	with me
medicus -ī *m*	physician, doctor
medius -a -um	middle, mid
in mediā viā	in the middle of the road
melior -ius -iōris *comp*	better
mēns mentis *f*	mind
mēnsa -ae *f*	table
mēnsis -is *m*	month
mentīrī	lie
mercēs -ēdis *f*	wage, fee
merēre -uisse	earn, deserve
merīdiēs -ēī *m*	midday, noon
metuere	fear
meus -a -um, *voc* mī	my, mine
mīles -itis *m*	soldier
minimus -a -um *sup*	smallest
minor -us -ōris *comp*	smaller, younger
minus *adv*	less
miser -era -erum	unhappy, miserable
mittere mīsisse	send
sanguinem mittere	let blood
modo	only, just
modus -ī *m*	manner, way
mollis -e	soft
monēre	remind, advise, warn
mōns montis *m*	mountain
mōnstrāre	point out, show
mordēre	bite
mortuus -a -um	dead
movēre	move
mox	soon
multī -ae -a	many, a great many
multō *+comp*	much
multum	much
mūtāre	change, exchange

N

nam	for
nārrāre	relate, tell
nāsus -ī *m*	nose
nātūra -ae *f*	nature
nāvigāre	sail
nāvis -is *f*	ship
-ne	. . . ?
nec *v.* ne-que/nec	and not, but not, nor
necessārius -a -um	necessary
necesse est	it is necessary, one must
negāre	deny, say that . . . not
nēmō *acc* -inem	nobody, no one
ne-que/nec	and not, but not, nor
n. . . . n.	neither . . . nor
n. enim	for . . . not
n. vērō	but . . . not
ne-scīre	not know
nīdus -ī *m*	nest
niger -gra -grum	black
nihil	nothing
nimis	too
nōlī -īte +īnf	don't . . . !
nōlle nōlō nōlunt	not want, be unwilling
nōmen -inis *n*	name
nōn	not
nōnāgintā	ninety
nōn-ne	. . . not?
nōnus -a -um	ninth
nōs nōbīs	we, us
noster -tra -trum	our, ours
novem	nine
novus -a -um	new
nox noctis *f*	night
nūbēs -is *f*	cloud
nūdus -a -um	naked, bare

nūllus -a -um -īus	no
num	. . . ?
numerāre	count
numerus -ī *m*	number
nummus -ī *m*	coin, sesterce
numquam	never
nunc	now
nuper	recently

O

ō!	o!
obscūrus -a -um	dark
octāvus -a -um	eighth
octō	eight
oculus -ī *m*	eye
officium -ī *n*	duty, task
omnis -e	all, every
omnia *n pl*	everything
operīre -uisse -ertum	cover
oportet	it is proper, you should
opperīrī	wait for
oppidum -ī *n*	town
op-pugnāre	attack
optimus -a -um *sup*	best
opus est	it is needed
orīrī	rise
ōrnāmentum -ī *n*	ornament, jewel
ōrnāre	adorn
ōs ōris *n*	mouth
ōsculum -ī *n*	kiss
ostendere	show
ōstium -ī *n*	door
ovis -is *f*	sheep

P

pānis -is *m*	bread, loaf
parentēs -um *m pl*	parents
pārēre -uisse *(+dat)*	obey
pars partis *f*	part, direction
particula -ae *f*	particle
parvulus -a -um	little, tiny
parvus -a -um	little, small
pāstor -ōris *m*	shepherd
pater -tris *m*	father
patria -ae *f*	native country
paucī -ae -a	few, a few
paulum -ī *n*	little, a little
paulō post	soon after
pauper -eris *adi*	poor
pectus -oris *n*	breast
pecūnia -ae *f*	money
pecūniōsus -a -um	wealthy
pēior -ius -iōris *comp*	worse
per *prp +acc*	through, by
per sē	by itself, alone
perdere -didisse	ruin, lose, waste
pergere	go on, proceed
peristȳlum -ī *n*	peristyle (courtyard)
persōna -ae *f*	character, person
perterritus -a -um	terrified
pēs pedis *m*	foot
pessimus -a -um *sup*	worst
petere	make for, seek, attack
philosophus -ī *m*	philosopher
piger -gra -grum	lazy
pīpiāre	chirp
piscis -is *m*	fish
plānē	plainly
plēnus -a -um	full
plōrāre	cry
plūrēs -a *comp*	more
plūs	more
pōculum -ī *n*	cup
pōnere	place, put
pōns pontis *m*	bridge
porta -ae *f*	gate
portāre	carry
portus -ūs *m*	harbour
poscere	demand, call for
posse potest potuisse	be able
possidēre	possess, own
post *prp +acc*	behind, after
posterior -ius -ōris	hindmost, rear
post-quam	after
postrēmō *adv*	at last, finally
prae-nōmen -inis *n*	first name
praeter *prp +acc*	besides, except
praetereā	besides
prāvus -a -um	faulty, wrong
pretium -ī *n*	price, value
prīmum *adv*	first
prīmus -a -um	first
in prīmīs	especially
prior -ius -iōris	front-, former
probus -a -um	good, honest
prō-cēdere	go forward, advance
procul	far, far away

profectō indeed, certainly
proficīscī set out, depart
prōmere take out
prō-mittere promise
prope *prp +acc* near, near by
propter *prp +acc* because of
prūdēns -entis *adi* prudent, clever
puella -ae *f* girl
puer -erī *m* boy
pugna -ae *f* fight
pugnāre fight
pugnus -ī *m* fist
pulcher -chra -chrum beautiful, pretty
pulchritūdo -inis *f* beauty
pullus -ī *m* young (of an animal)
pulsāre strike, hit, knock
pūnīre punish
pūrus -a -um clean, pure
putāre think, suppose

Q

quaerere look for
quam how, as, than
quamquam although
quantum -ī *n* how much
quantus -a -um how large, (as large) as
quārē why
quārtus -a -um fourth
quattuor four
quattuor-decim fourteen
-que and
quī quae quod who, which, the one who
quī quae quod (. . . ?) what, which
quia because
quid (*v.* quis) what, why
quid (num/sī q.) anything, something
quiētus -a -um quiet
quīn why not
quīn-decim fifteen
quīnque five
quīntus -a -um fifth
quis quae quid who, what
quis quid (sī/num q.) anyone, anything
quis-que quae- quod- each
quō *adv* where (to)
quod *coniūnctiō* because, that
quō-modo how
quoque also, too
quot *indēcl* how many, (as many) as

R

rāmus -ī *m* branch
re-cēdere go back, retire
recitāre read aloud
rēctā (viā) straight
rēctus -a -um straight, right,correct
red-dere give back
red-īre -iisse -itūrum go back, return
re-linquere leave
re-mittere send back
reperīre find
re-prehendere blame, censure
rēs reī *f* thing, matter, affair
re-sistere halt
respondēre answer
respōnsum -ī *n* answer
re-tinēre hold back
re-venīre come back
re-vertī turn back, return
rīdēre laugh (at), smile
rīvus -ī *m* brook
Rōmānus -a -um Roman
rosa -ae *f* rose
ruber -bra -brum red
rūrsus again

S

sacculus -ī *m* small bag, purse
saccus -ī *m* sack
saepe often
salūtāre greet
salvē -ēte hello, how do you do
sānāre heal, cure
sanguis -inis *m* blood
sānus -a -um healthy, well
satis enough
scīlicet of course
scīre know
scrībere -psisse -ptum write
sē *acc/abl, dat* sibi himself, herself
sē-cum with him/her
secundus -a -um second, favourable
sed but
sē-decim sixteen
sedēre sit
semel once
semper always

sententia -ae *f*	sentence
sentīre	feel
septem	seven
septen-decim	seventeen
septimus -a -um	seventh
sequī	follow
sermō -ōnis *m*	talk, conversation
servāre	preserve, save
servus -ī *m*	slave, servant
sēstertius -ī *m*	sesterce (brass coin)
sevērus -a -um	stern, severe
sex	six
sextus -a -um	sixth
sī	if
sīc	in this way, so
signum -ī *n*	sign, statue
silentium -ī *n*	silence
silva -ae *f*	wood, forest
simul	at the same time
sine *prp +abl*	without
sinister -tra -trum	left
situs -a -um	situated
sōl sōlis *m*	sun
solēre	be accustomed
solum -ī *n*	soil, ground, floor
sōlum *adv*	only
sōlus -a -um	alone, lonely
solvere	untie
sordēs -ium *f pl*	dirt
sordidus -a -um	dirty
soror -ōris *f*	sister
spectāre	watch, look at
speculum -ī *n*	mirror
spīrāre	breathe
stāre	stand
statim	at once
stēlla -ae *f*	star
stertere	snore
strepitus -ūs *m*	noise, din
stultus -a -um	stupid, foolish
sub *prp +abl/acc*	under, at the foot of
subitō *adv*	suddenly
sūmere -mpsisse	take
super prp *+acc*	on
super-esse	be left, be in excess
suprā *prp +acc*	above
surgere	rise, get up
sus-tinēre	support
suus -a -um	his/her/their (own)
syllaba -ae *f*	syllable

T

tabella -ae *f*	writing-tablet
tabellārius -ī *m*	letter-carrier
taberna -ae *f*	shop, stall, pub
tabernārius -ī *m*	shopkeeper
tabula -ae *f*	writing-tablet
tacēre	be silent
tacitus -a -um	silent
tālis -e	such
tam	so, as, so much
tamen	nevertheless, yet
tandem	at length, at last
tangere	touch
tantum *adv*	only
tantus -a -um	so big, so great
tē *acc/abl, v.* tū	you
tē-cum	with you
tēctum -ī *n*	roof
tempestās -ātis *f*	storm
templum -ī *n*	temple
tempus -oris *n*	time
tenēre	hold, hold back
tenuis -e	thin
tergēre	wipe
tergum -ī *n*	back
terra -ae *f*	earth, ground, land
terrēre -uisse -itum	frighten
tertius -a -um	third
timēre	fear, be afraid (of)
tinnīre	ring, jingle
titulus -ī *m*	title
tollere	raise, pick up
tonitrus -ūs *m*	thunder
tot *indēcl*	so many
tōtus -a -um	the whole of, all
trā-dere	hand over, deliver
trē-decim	thirteen
tremere	tremble
trēs tria	three
tristis -e	sad
tū *acc/abl* tē, *dat* tibi	you
tum	then
turpis -e	ugly
tuus -a -um	your, yours

U

ubi	where
ūllus -a -um	any
ululāre	howl
umbra -ae *f*	shade, shadow

umerus -ī *m* shoulder
ūmidus -a -um wet, moist
umquam ever
unde from where
ūn-decim eleven
ūn-decimus -a -um eleventh
ūn-dē-vīgintī nineteen
ūnus -a -um one, only
urbs -bis *f* city
ūsque up to
ut like, as
uter utra utrum which (of the two)
uxor -ōris *f* wife

V

vacuus -a -um empty
valēre be strong, be well
  valē -ēte goodbye
validus -a -um strong
vallis -is *f* valley
vehere carry, convey
  equō vehī ride
velle volō vīs vult vol- be willing
vēna -ae *f* vein
vēndere -didisse sell
venīre vēnisse come
ventus -ī *m* wind
verberāre beat, flog
verbum -ī *n* word
vērē truly
verērī fear
vērō *adv* however, but
  nec/neque vērō but not
versus, ad . . . vērsus towards
vertere turn
vērum -ī *n* truth
vērus -a -um true
vesper -erī *m* evening
vesperī *adv* in the evening
vester -tra -trum your, yours
vestīgium -ī *n* footprint, trace
vestīmenta -ōrum *n pl* clothes
vestis -is *f* clothes
via -ae *f* road, street
vīcēsimus -a -um twentieth
vidēre vīdisse see
  vidērī (+*dat*) seem
vīgintī twenty
vīlla -ae *f* country house, villa
vincīre tie
vīnum -ī *n* wine
vir -ī *m* man, husband
virga -ae *f* rod
vīvere live, be alive
vīvus -a -um living, alive
vix hardly
vocābulum -ī *n* word
vocāre call
volāre fly
vōs vōbīs you
vōx vōcis *f* voice

GLOSSARY FOR PP. II-IV

aeternus -a –um	eternal
capitulum -ī *n*	chapter
cōmoedia	comedy
continēre	contain
dēlīneāre	draw
exercitium -ī *n*	exercise
frequēns -entis *adi*	frequent
grammaticus -a -um	grammatical
grammatica -ae *f*	grammar
ignōtus -a -um	unknown
index -icis *m*	index, list
invenīre	find
iūs iūris *n*	right
legendum -ī -ō *gerundium*	reading
in legendō	in reading
legendus -a -um *gerundīvum*	to be read
legenda sunt	are to be read
his colloquiīs legendīs	by reading these talks
margō -inis *m*	margin
memoria -ae *f*	memory
memoriā retinēre	remember
nārrātiō -ōnis *f*	narrative, story
ōrātōrius -a -um	oratorical, of a speech
ōrdō -inis *m*	order
pāgina -ae *f*	page
partītiō -ōnis *f*	division (into sections)
Partītiōnēs ōrātōriae	textbook of rhetoric by Cicero
proprietās -ātis *f*	ownership, property
reservāre	reserve
singulī -ae -a	each one of, every single
studiōsus -a -um	interested, diligent
suāvis -e	pleasant, delightful